寄り添いの小みち

日ごとの黙想録

堀　肇［文・挿画］

いのちのことば社

心やさしい同伴者

心に傷をうけて泰然自若としていることはとても難しいことです。衝撃が強ければ強いほど、傷が大きければ大きいほど、心は閉ざされ孤独も深くなります。誰がその孤独な部屋の扉を開くのを助けられるのでしょうか。それは魂の内奥の複雑さを熟知しつつ、優しい心になれる人です。包帯はそのような人によって巻かれ、また解かれます。傷ついた人はそのような優しさに触れるとき、「わたしは心優しく」と言われたイエスを思い起こすことでしょう。

外側で動き活躍している自分と、心の奥深くで悲しんだりつらがったりしている自分が、あまりかけ離れていてはなりません。そして、その木の陰に隠れているような自分を決して置き去りにしないことです。そこは人と人が真につながるところであり、友情が芽生えるところでもあるからです。

失態を演じたり、思わぬ事態に直面して、何処に逃げてよいか分からなくなったとき、誰も傍らにいてくれないほど寂しいことはありません。この頼りなさや孤独感を熟知し、寄り添うことができるのが魂の友です。そのような人には「エマオ途上のキリスト」にみられる同伴者をイメージさせるものがあります。たとえ人間的には不完全であったとしても……。

失望したくなければ、人を信じることや人に期待しなければいいという哲学があります。そうすれば傷ついても軽症ですむでしょう。しかし人を信じようとする心がなければ、お互いの間の空気は動かず、心は冷え、そこに生まれるはずの温かな感覚を体験することもなく、何よりも愛することを知らない人生を生きねばならなくなります。なぜなら信じることと愛することは一つなのですから。

かけがえのない存在だと思ってもらい、そのままでいいから生きていてほしいと肯定され、受容された人は幸せです。そうされた人は自分固有の存在価値を知り、またそれまで知らなかった自分の美点にも気づかされ、新しい自分を生きるようになっていくのです。

さりげなく人の心を守ってあげることができたらと思います。何に傷つき、不安や恐れを感じ、どこで気落ちするのか、またどんな言葉が慰めになるのか、そんなことをごく自然に考えられるようになれば、友情の質は深まり、心の風景は美しいものとなるでしょう。

人は親が子と悲しみや喜びを共にするように、真に誰かのため悩んだり、苦しんだり、また喜んだり、楽しんだりする生を生き始めるとき、愛ゆえに痛み苦しむという神の慈しみ深い心が次第に分かりやすくなってきます。その過程はゆっくりしているかもしれませんが。

幼き日に甘えそびれた心の寂しさは、人生のそこかしこに現れてきます。それが癒されるためには、信じてくれる人、望みを持ってくれる人、愛してくれる人が必要です。それをイエスと人の中に見いだすことのできる人は幸いです。それを見いだすとき、孤独の中に光が差し込むのです。

自分の魂の内奥に降りて行き、そこを見つめ、自分と向き合うのはつらいかもしれません。しかし、そこはイエスが無条件の愛をもって待っていてくださる所でもあり、安心してよいのです。自分を防衛したり粉飾したりする必要のない世界なのです。そのようにして、本来の自分を知るとき、人は他者とどう関わってよいか分かるようになっていくのです。

人間であるゆえの不完全で制約された愛や受容の中にさえ、心の安らぎと生存の充実感をかなりのレベルまで経験できるとするならば、完全な神の愛による贈り物は、いったいどのようなものなのでしょうか。それは人間以下ではないということだけは、しっかり心に刻んでおきたいのです。

人から認められたい、愛されたいという思いは、人間の持つ基本的な欲求です。けれどもそれを得ることを目的に人と関わり始めると、人間関係は芝居がかり、演技的でときには操作的なものとなり、自分でない自分を生きねばならなくなります。しかし神から愛されていることを疑わず、人に温かい心を向けて生きようとするなら、心は落ち着き、人の注意を引くための複雑な人間関係から解放されていくのです。

愛と憐れみの心を持って接することは、決してやさしいことではありません。それには相手の心の真のニーズ（必要）を感じ取ることが必要であり、また不誠実な態度を示されても、誠実な心を持って受け止めていく力と勇気が求められます。が、それはむりだと感じてしまう。しかし無力な愛、誠実さを欠く弱さを徹底的に知ることから光が見えてくることも事実です。

神はかけがえのない大切な存在として私たちを愛しておられます。対象である私たちがそれをどう感じるかということに関わりなくです。私たちにとって重要なのは、その「愛を信じるかどうか」ということです。こちらの感情でなく信仰です。そして信じるとき、愛は伝わってくるのです。これは愛の神秘と言ってもよいでしょう。

「だれか一人のために希望を持ったり、恐れを抱いたりすること、それだけが自分が本当に生きているという完全な感じを人間に与えるものなのです」と、ある詩人が書いています。これが愛に生きるということなのです。それはゆえあって主がそばに置いてくださったその人に寄り添い、その心の奥の小さな悲しみや喜びを感じ取ることから始まるのです。

私のために傷ついてくださったイエスの愛に心が触れるとき、優しさが心に滲み通ってきます。その優しさは、誰かの苦しみや痛みを耐えやすくする大切な大切な心です。ですから、ささいなことで失わないようにしたいというのが私の願いなのです。

私たちの心に戦いを挑み、疲れを引き起こす人生において、自分を真に憩わせてくれる魂の家を持たなくてはなりません。そこは恐れや不安を抱かなくてもいい、また自分を防衛したり粉飾したりして競い合わなくてもいい世界です。そのような家が何処かで確保されているならば、安心してこの世に出ていき、恐れることなく人間に関わることができるのです。

自分自身と語り、真にひとりでいることのできる人、つまり自分の魂の最も深いところに手を差し伸べることのできる人は、真に自分を知ることができるようになっていきます。そして、そこから真に他の人とつながることができるようにもなっていきます。

忙しさや楽しさのために、いつまでも自分の内なる世界に目を向けないでいることは、子どもに寒い部屋で留守番をさせて、なかなか家に帰らないでいるようなものです。この内面の事実に早く気づいて、寒い家に帰り、暖炉に火を灯さなければと思うのです。この帰宅のためには、静かな時間や魂を暖めてくれる言葉が助けになるのです。

真の友情は相手を操作したり、利用したり、過剰な期待をするところからは生まれません。相手のあるがままを受け入れ、その弱点を覆い、人生の旅に寄り添うところに生まれます。そのモデルをダビデとヨナタンにみることができます。人がこのような友情を培っていくとき、神の愛を一層深く知るに至るでしょう。

「相手が何を言ってほしいのか、何を言ってほしくないのか」を知ることは信頼できる人間関係を形成する基礎です。しかしこれは容易なことではなく、自分と他者の感情に丁寧に向き合う訓練をしていかなくては達成できないことです。そのためには少なくとも説得的、操作的（演技的）、取引的なコミュニケーションを改めていかなくてはなりません。

私たちは心の外側はともかく、内側には弱さや傷を持って生きています。それゆえ何かの瞬間に恐れや不安で心全体が覆われてしまうことがあります。しかしこのようなときこそ、恐れと不安と孤独の真っただ中にイエスが共におられることを忘れないようにしたいのです。そこは安全で、決して傷つけられることのない世界です。

本当は心を開きたい、愛したいと思っているのに、それを難しくさせているものは何なのでしょうか。愛が顔を覗かせているというのに、何が邪魔をしているのでしょうか。それは愛すべき人の言葉や行動に深く傷つき、心が閉じ、身動きできなくなってしまっていることによるのです。これを乗り越えるためには、結果を恐れず相手をもう一度見つめ直し、小さくても愛と慰めの言葉と行いを持って心に触れてみることです。お返しの愛を求めないで、そうしてみることです。そうしないと、やがて自分の心も相手の心も死んでしまいます。

神が私たちを「信仰」へと導かれたことの意味は大きいものです。そこには、その後の生活も「信じること」を学ぶようにというメッセージが含まれています。人は神を信じることによって、次第に人生における出来事に対して、過度な心配をしたり、慌てたりする生活から解放されていきます。これは人を信じる場合も同じであって、信じるとき疑いや心配から解かれていきます。

目的を達成することには達成感・充実感という喜びがあります。しかし目的達成のために、人との心の触れ合いやつながりを犠牲にしないようにしたいのです。そうしないと魂は枯渇し、真の生存充実感は失われてしまいます。

怒りやイライラした感情に支配されている人は、心に居場所を持つことはできません。嫉妬や競争心も同じです。それらは愛の世界から遠く離れているからです。実はこの心の居場所・落ち着き所は愛そうとすることなしには作れないのです。もしあなたが多くの人々でなくても、誰か一人にでも愛と信頼を持って誠実に関わってごらんなさい。そのとき愛されることを体験し、心の居場所を発見するでしょう。

人の欠点や嫌いな部分が目についたら、それは自分を深く知る良い機会だと考えてみましょう。もしかしたら、幼いころに自分の生育環境や家族環境の中で経験した感情によるものかもしれません。一応そこから考えてみましょう。するとと自分の側の問題であることに気がつくことがあります。それによって、相手を過度に責める苦しさから救われるのです。

愛を信じるとき

人から感謝されたい、喜ばれたい、認められたいという欲求は誰もが本能的に持っています。しかしこの欲求に取りつかれ、それが正常な域を超えると、ありのままの自分を受け入れることができなくなり、ある種の演技的な人格を生きることになってしまいます。こういう心が固定してしまわないうちに神の受容の中に身を置く習慣をつくりたいのです。

「あなたは愛されています」という言葉をどれほど聞いてきたことでしょう。それなのにどうして不安や孤独感というものが常につきまとい、心は揺らぐのでしょうか。それは愛というものをただ知るだけで、信じようとしないからです。愛を信じるとき、神との関係はより親密となり、愛されているという実感に導かれていきます。

神の心を深く知るためには、心をつくし、思いをつくしてイエスを見つめなくてはなりません。その言葉、その眼差し、その表情さえも想像してしっかりと。これは人を知る場合も同じです。心の表層に出ている明るさ、強さだけでは人を知ることは難しいのです。その表情の奥にある隠された心を知るためには、相手の全体を深く見つめなくてはなりません。人への愛はここから始まるのではないでしょうか。

何を語り何を語らないでおくか、その識別は易しくありません。感じたことを語っていいときと語ってはいけないときがあります。ではどのように識別すればよいのでしょうか。それには深い思考力が必要です。ただ思考は人の心を読み違えることもあります。このためにはどうしても静かな沈黙を通して自分の心を知らなくてはなりません。まず自己対話から始めることです。

他者にこうあってほしい、こう接してほしいという願望は誰の中にもあります。自然感情と言ってよいでしょう。ときにそれが満たされることがあるにしても永続的な保障はありません。この不安定な保障のなさから本当の安定した関係を構築するには、イエスの中にみられる与える愛に生きることです。どちらかがこの世界へと一歩踏み出すとき、新しい信頼関係が芽を出すのです。

存在の根底は神に支えられているのだから確かだと思っていても、人から承認されなかったり帰属感が得られなかったりすると、愛されているという感覚が持てなくなってしまいます。そうした中では感情や情緒は上がったり下がったりして落ち着きません。このようなときは何度でも「わたしはあなたを愛している」という声に耳を傾けましょう。幼子《おさなご》が「お母さんはここよ」という声を聞くまで捜し求めるように。

どんな人の中にも愛され信頼されたいという欲求があります。けれども同時に自分にはそうされる価値があるのだろうかという声が聞こえてくることがあります。ときどきその価値がないという声も。この狭間で生きるのは苦しいことですが、その否定の声を打ち砕くような声に出会うこともあります。それも人生の事実でもありますから諦めないようにしたいのです。

職場や学校など、外で多くの人たちと接しているときの自分と、たった独りでいるときの、あるいは親しい人と一緒にいるときの自分を見比べてみることが必要です。両者があまりかけ離れていると心は疲れ、人から理解してもらえなくなる可能性がでてきます。人とほどよい距離をとりながら、できるだけ自分の本来の姿を表現することが望ましいと思います。

恐れや不安や寂しさの中にいる自分自身を置き去りにして動きまわってはなりません。孤独が嫌で押さえ込んでばかりいると、そのつらさを体が覚えていて心が破綻してしまう場合があります。そんなとき誰かと心を響かせ合って語ることが必要です。そして無条件に愛してくださる神に祈ることです。

わたしたちが苦しむとき、誰かに「あなたの苦しみはあなたにしか分からない」と言ってほしいのです。確かにそうなのです。人の苦しみを理解することは難しいのです。ですから、この人にはきっと私の知らない苦しみがあるにちがいないと考えておくことが必要なのだと思います。

人が興味を抱く話題があります。また人が関心を示す立ち居振る舞いというものがあります。しかしそれを自己の本質から離れて処世のために表出するには注意を要します。それによってできた人間関係が恒常化すると、役者を演じさせられ、やがて疲れ果ててしまいます。私たちは本当の自分を生きることが大切なのです。それが自分を愛するということなのでしょう。

優しい心を持つためには、心の余裕が必要です。自分の心を見つめ、自分の姿を知る静かな時をわずかでも持つならば、人にどのように接し、何を語るべきかが次第に分かるようになります。何よりも感情が穏やかになります。騒がしい心から優しさは生まれにくいのです。

何を考え、感じ、どう行動したのかをふり返ることなしに新しい気づきは起こりません。少しつらくても心の奥まで降りていき、ゆっくり丁寧にふり返りたいのです。主の慈しみ深い眼差しを意識しながら、愛を信じながらそうしてみましょう。

心に悩みが生ずる場合、ほとんどが過去の傷と関係があります。家族や友人から傷つけられた記憶が蘇り、目の前の人に対して怒りの感情が向けられることがあります。そんなとき冷静に過去の悩みと現在の問題を仕分けしなくてはなりません。そうしないと身近な人はあずかり知らぬ感情の犠牲になるからです。

心というものは常に落ち着いているものではありません。感情や思考というものは、僅かな情報や人の顔色また体調の変化によってさえも、いとも簡単に乱れてしまいます。しかしこの現象を霊的でないと考えて自分を責めないようにしたいのです。それより感覚のかなたにおられ、変わりなく私たちを愛してくださっている方のもとに行くようにしたいのです。そこは安全ですから。

懐疑や不信が深ければ深いほど心の闇は濃くなり、自分も人もよく分からなくなり、憶測という当てにならない判断で見当をつけながら人と接することになります。これが精神疲労の原因です。しかし、ほんの少しでも相手を信じて一歩踏み出すならその闇とも言うべき世界から抜け出せるのです。

孤独には情緒的孤独というものがあります。これを乗り越えるには愛を基とした他者との信頼関係が必要です。それは幼児が母親から無条件に愛され、受容されているような関係と言ってよいでしょう。これは真の意味で独りでいることができるために必要なことなのです。

言葉は大きな意味を持っています。しかし言葉には限界があり、何の問題がなくても誤解や疑いが発生することがあります。この問題を解決するには心を通じ合わせることが必要です。そのためには心の内奥を見つめ、自分自身を知る必要があります。そうすると本当に必要な言葉も見つかるのです。

心が揺れるとき、不安でどうしたらよいか分からないとき、帰るところが必要です。子どもたちが母の胸に飛び込むように、絶対安全な愛の手に身を委ねることができる魂の家です。そこに帰るには、愛を持って支えようとしてくれる人が身近にいることが必要です。

この世の秩序を保つためには「正しく生きる」ことが必要です。けれども人との関係が潤い、お互いに平和に生きるためには、相手の幸せを願う心が必要となります。これが「美しく生きる」ということです。

弱さを抱えている私たちには、愛すること、理解すること、慰めることは決して簡単なことではありません。その人もまた心の最も奥深いところで、その愛と理解と慰めを欲しているからです。

何かで悩んでいるとき、生活の中に新しい関心事や責任が出てくると、問題は覆われ、記憶も消去されます。一時的には、これに助けられることもあります。しかし、ここで安心して完結させてしまってはなりません。心には宿題が残されたままだからです。心の成熟はこの宿題に向き合えるかどうかにかかっていると考えてよいでしょう。

誠実な友を得ることは簡単ではありませんが、誠実に愛し続けるならば得られるにちがいありません。ただそのためには相手を利用したり、心を操作したりしてはなりません。それは誠実さを欠くことになるからです。真の友情は利他的なものなのです。

心の奥には弱い自分がいます。人からも自分からも歓迎されないような、ささいな事で恐れや不安に揺さぶられてしまう自分です。失敗をしたり事がうまく運ばなかったりするとき、神はそこにはおられないのではないかと感じてしまう自分です。しかし神はその私を愛し、そこにこそ現存しておられることを繰り返し心に留めましょう。

イエスが共におられるなら、真に人と共にいることができ、どのように傍らを歩いてよいのかが分かります。また真に人と共にいて喜びや悲しみを分かち合うとき、イエスが傍らにおられることが分かります。そのとき人は自分自身の友となることができるのです。

愛というものは確かめることが難しいものです。あるときそれが可能になっても、ささいな事ですぐ分からなくなり、私たちの心は恐れと不安の中にさ迷うことになります。愛は確かめることでなく、信ずることが必要なのです。そして信ずることによって愛は成熟に向かうのです。

お互いの間に交わされる言葉や心に抱く感情が良き贈り物となるように祈り、心掛けたいのです。何げないうなずきや眼差しであっても少しの優しさがあるならば、それは人の心を癒し得る贈り物となるのです。

人はそれぞれ異なった心の事情の中に生きています。そこは感情も複雑で自分も気がついていない自分というものが存在しているのです。これが動き出すと人間関係は難しくなります。だからいつも心の奥の部屋に戻り、自分を見つめるようにしなくてはなりません。

心の乱れは、ささいなことで生じます。周囲の人たちの言葉や態度のちょっとした変化などによっても心は動揺します。このことで信仰の程度を測らなくてもいいのですが、その乱れや動揺を何かで紛らわしたり、忘れようとしたりしないで、聖霊の助けを求めながら、その厄介な感情を収束させる方法を身につける必要があります。そのままでは真に良い人間関係を構築することはできないからです。

心のエネルギーや事物に対する関心が外に向かうことは、生産的で積極的な生活とある種の充実感を生み出します。ところが自分の魂の内奥を見つめることをしないでいると、やっていることが独りよがりで的をはずしてしまうことがあります。そのうえ人間関係も強引で支配的になり、滑らかさを失うことになりかねません。

感情を分かち合うことは、決してやさしいことではありません。しかし心から信頼できる関係の中では可能です。ありのままの自分の感情を見せても軽蔑されることも裁かれることもないということが分かるとき、その背後におられる神の優しさも理解できるようになっていきます。

何か見捨てられたような感じを抱いたとき、慌てて走り回らないで孤独と沈黙の中に留まるようにしてみてください。そのとき、神と親密な関係にある自分を発見するでしょう。そしてあの「あなたを愛している」という声も聴こえてきます。

私たちは、日ごとのごく平凡な歩みの中で神に会うことができます。あなたの心が優しくなったとき、安らいだ気持ちになれたとき、人の気持ちに寄り添って耳を傾けようと思えたとき、そのとき、そこに慈しみ深い神がおられるのに気づくのです。

人の心を不自由にしているものの一つは執着心です。私はこうあらねばならない。こう歩むはずだった。あれをどうしても手に入れたい、などというこだわりです。大切なことは、「主のみこころなら、私たちは生きて、このことを、またあのことをしよう」と考えることです。

主よ。見なくてもいいことには目を閉じ、見なくてはならないことには目を開き、そして何よりも最も大切なことは何なのか、あなたのみ旨は何なのかを識別する知恵と洞察力とをお与えください。

強い風雨に見舞われたとき、できるならそこを強行突破しないほうがいい。安全で保護され、愛されていると思える「家」に憩うことです。人生において魂が安らぐ関係を持っている人は、その家を持っていると言ってよいでしょう。

疑いや憶測が深まると心は曇り、それを放っておくと影が出てきます。すると人の言葉や行動の意味が分からなくなります。そうならないためには、お互いの心を照らす温かな触れ合いが必要なのです。

人を愛し、信じるということは、相手に理解できないところがあっても、また相手が期待はずれの行動をとったとしても、それを受け入れることです。相手を信じ、この難しい選択ができる人は真に幸せな人間関係を持っている人と言えるでしょう。

不思議というより単純な事実ですが、自分の心にある気持ちや考えは外の世界に映し出されます。例えば雨に降られ、それを嫌だと思えば、雨の風景には何の興味もなくなります。小道を傘をさして歩くのも情緒があっていいと思えば、風景は一変し、雨降りの歌さえ思い出されてきます。心の風景の美しい人は周りが美しく見えるのです。

長い魂の旅路にはときとして暗闇の森を通り抜けなければならないことがあります。ここを正しく進むためには、神と共に歩む霊的同伴者を必要とします。そのためには普段から安全で傷つけられることのない信頼できる友との良い交わり（コミュニオン）を作っていかなくてはなりません。

怒りやそれに伴う複雑な甘えなどを通して理解や同情を求めてくる人に対応することは易しいことではありません。これを受け入れていくと、とりあえず事は治まるかもしれませんが、やがて相手が支配者になり、受け手の主体性は失われることになります。私たちはイエスが言われたように、ときには、然りは然り、否は否という態度を取らないと共依存に陥る可能性があります。

過去を「ふり返る」とは、ただ過去の記憶を巻き戻すことではありません。ふり返りによって気がつかなかった恵みを見いだし、分からなかった意味を発見するよう努力するのです。ただ思い出すだけなら、良いことはともかく嫌なこと不快なことも出てきますから、同じ体験を繰り返すことになるのです。

人はどのようにして自分の心や行動の在りようについて、新しい気づきを持つことができるのでしょうか。自分で自分の心を知ることはとても難しいことなのです。しかし静かに温かく耳を傾けてくれる人がいるならば、その人によって自分の心が鏡の前に映し出されるような「深い気づき」が起こるのです。

人の心には常に人から認められたい愛されたいという思いがあります。しかしこの思いに強く支配され始めると、私たちの行動は本来の自己から乖離し、ときに操作的また演技的にさえなり、人との信頼関係を築くことが難しくなります。この問題を乗り越えるには、神から愛されていることを繰り返し繰り返し体験的に知る必要があります。

人は傷つけられ見捨てられることを恐れています。この思いが強くなるにしたがって人を信ずることが困難になり、孤独の闇も深くなります。しかしマグダラのマリアが聞いたあの「マリア」という無条件の愛の呼びかけを、言い換えれば「あなたを独りにしない」という声を聞くことができたら、次第に孤独から解かれていきます。

心の奥を見つめることは苦しいことです。しかし真の成熟を望むならば、そうすることが必要です。とりわけ子ども時代から、まるで心の宿題のように残されている情緒的な課題に向き合わなくてはなりません。もし愛の神が共におられることを信じることできるならば、それを乗り越え、つらく悲しい記憶にも別れを告げることができるのです。

安心感のある人間関係を得るためには、自分が愛されているという実感が必要です。これがないと常に人に喜ばれよう、また認められようとして過剰なエネルギーを使うことになります。しかし、ここから抜け出ることはできるのです。それは「愛に出会うこと」によってです。人生の目的はこの愛に出会う旅と言っていいでしょう。

この世の中では何かができないと、なかなか受け入れてもらえません。ですから人間関係も妙に複雑になります。とりわけ人から注目され称賛されたいという気持ちが強い場合、人間関係は面倒になります。しかし自分の存在が受容され愛される経験をした人は、その世界から次第に抜け出るようになります。

愛の神を信じることができたら、どんなに弱く醜くても安全です。神から退けられることはないと確信できるからです。では人間の間ではどうなのでしょうか。悲しいことに簡単ではないというのが現実です。しかし関係が深まり愛を信じることができるようになると、次第に安全な世界が開かれてきます。

自分の心を見つめ、その奥深くにある自己に手を差し伸べなくてはなりません。傷ついているならば、主のみ傷によって癒していただくことです。そうすることによって他者に関わる準備ができます。行動だけでなく感情も選択できるようになっていきます。

言葉が多くなくても、気詰まりのない関係というものがあります。それは自分が独りでいることのできる人同士の関係です。そのような関係は、おのおのが沈黙の中で主の温かさ、優しさに触れているから可能なのです。

心が乱れたとき、どうすればいいのでしょうか。それは温かで傷つけられることなく、魂が呼吸できる世界に行くことです。心から祈り求めるなら、神はそのことを分かりやすくしてくれる人と場を用意していてくださいます。そこは愛されていることが分かるところです。

ふり返る痛み

独りでいることを恐れてはなりません。むしろ自分自身の内なる自己と神に目を向ける機会が訪れていると考えましょう。これを通して他者との真の関係が芽生え、友情の成立も可能となるでしょう。

自分を受け入れるということは、弱く無力な存在であることを受け入れるだけでなく、ときとして他者から愛されないような思いにもなる自分をも受け入れることです。神の無条件の愛を知ることによって、徐々にではあっても、そのことが可能になっていきます。

愛してくださる神に目を、心を向けましょう。互いにそうしましょう。そうしないと孤独（ロンリネス）に襲われ、人間関係は懐疑的に、ときとして操作的にさえなり、信頼と美しさを結実させることは難しくなります。

他者の心の痛みや苦しみは、本当のところよく分からないものです。本人しか分からない世界で苦しんでいるのです。だから自分の場合も、あまり分かってもらおうと考えないようにしましょう。しかし神がイエスを絶対的な共感者として私たちに遣わされたように、ふさわしい感受性と繊細さを持って心に寄り添える人を送られることがあるというのもひとつの事実です。

ある人が言ったように、ときには見えない目、聞こえない耳を持ちましょう。そして静かに目を閉じ、耳を澄ませ、ちょっとしたことで泣いたり喜んだりしている内なる自分にもてなしの手を差し伸べてみましょう。すると心は落ち着き、魂の奥深くから語りかけられる愛の声が聞こえてきます。

人は目の前の仕事や関心事に心を向けることによって、生きがいを感じることができます。けれども自分の歩みをふり返ることなしに人生の成熟は期待できません。良かったことも悪かったことも、もう一度記憶の部屋から引きだして自己吟味し、与えられた気づきを次に生かそうとするならば、目の前の仕事や人間関係の質が変わってきます。

子どもは泣いても叫んでも「絶対依存」できる対象（母なる者）を与えられているならば、その人格は健全に成長していきます。同じように信仰の対象である神に対してそうできた人は何と幸いなことでしょう。願わくは幾分かでもそういう神をイメージできるような人との出会いが与えられることです。

愛され信頼されている確信が揺らぐとき、心は不安定になり、ささいな事で見捨てられ感に襲われてしまいます。このようなとき、変わることのない主の眼差しに目を注ぎ、その傍らから離れないことです。

愛するということは、その人の人生の味方になるということです。いじめられて帰って来た子どもを抱きかかえる母のように、痛みを共にするということ、また失態を演じても批判しないことです。それが味方になるということです。人生にそのような愛を注いでくれる人が一人でもいれば、冷たい風が心に吹き込んでも生きていけるのではないでしょうか。

静かで穏やかな時の流れは、私たちに人生の心地よい風景を見させてくれます。心に爽やかな風が入ってくるのが分かります。しかし静けさが打ち破られ急激な恐れと不安が襲いかかるときも無意味ではありません。そのときは、今自分にとって何が最も重要なのかが意識にのぼり、自分自身に対面することになります。

神から愛されていることを祈りの中で繰り返し思い起こさなくてはなりません。なぜなら、人生には愛されている確信が揺さぶられるような状況が常に存在するからです。そのままでいると恐れと不安が生じ、対人感情も下降し始めますから愛が確信できる世界に戻らねばなりません。

イエスが共におられるということを、日常の小さな出来事や人との関わりの中に見るように努めることが大切です。これは耳を澄ませて小川の流れの音や小鳥のさえずりを聞くような行為に似ています。それは少し立ち止まればできることであって決して難しいものではありません。

人が落ち着いて生きていくためには、自分が安心して心を開くことのできる交わりや関係がどこかに必要です。嵐に見舞われたとき、帰っていくことのできる温かでほっとする世界です。これがないと、あまり意味がないものであっても、何かに夢中になったり、依存したりして生きていかざるを得なくなるのです。

恐れや不安というものは、心の最も深いところを理解し、愛してくれる誰かとつながることによって後退していくものです。それは幼子が母に抱かれて安心しているような状態です。神との関係にそれを見いだすまでに何と時間がかかることでしょう。我々がこれを実感的に学んでいくためにはどうしても魂の友が必要なのです。

成熟した人間関係を生きるには、自分の物の考え方や感じ方と他者のそれは同じではないことをしっかり心に留めることです。不幸な関係は強引に自分に合わせようとするところから生じます。〈これがこの人なのだ〉と認めることのできた人は幸せな関係に一歩近づいたと言えるでしょう。

自分が誰かによって受け入れられているという感覚は、日々を前向きに生きていく上で非常に大切なものです。これがないと対人関係に自信が持てなくなり、神の愛も観念的で実感できなくなります。だからパウロも「あなたがたも互いに受け入れなさい」と奨めたのです。

安定した心を得るためには、私の「心の中の隠れた私」の叫びに気づくことが必要です。様々な依存や嗜癖、また過剰な適応や脅迫的な行動などの問題が現れる前に、それらが「心の中の隠れた私」の寂しさや空しさが持つ叫びであることに気づき、それを聞かれる神に祈ることです。

評価を恐れる心の奥には、何事も完璧でなくてはならない、恥をかきたくないという自尊感情が潜んでいます。この感情があまり強くなると、対人関係に恐れが付きまとうようになります。そもそも人間の世界には完全も完璧もないと考え、物事を相対化しておくことが必要なのです。

感情はとても大切なものです。その制御の仕方次第で美しくもなり醜くもなります。対人関係も良くもなり悪くもなります。ですからこの感情の核の部分が常に聖霊によって愛と喜びと平安に満たされるよう祈っていく必要があります。抑圧とか責任転嫁のような一時的な防御だけでは限界があります。

相手のためにと思い、どんなに心を込めて語っても行動しても、その思いが届くとは限りません。感受性の違いがありますし、相手は同じプラットホームにはいなく、次の列車に乗ってしまっているかもしれません。けれども、あなたが心を込めて語った言葉も行動も神に覚えられ、その事実は尊いのだから、それで良いのではないでしょうか。

気詰まりな思いがなく、温かで安全で傷つけられることのない人間関係をどこかで持っていないと不適切な感情や言葉が飛び交うこの世界の中で心は疲弊してしまいます。しかしその関係を維持していくためにはお互いが独りでいることと沈黙の中に身を置くことが必要になります。

人に関する過度の期待や願望に注意しなくてはなりません。相手が自分の思うようになってくれなかったりすると、たちまち情緒的基盤が安定性を失い、怒りや悲しみが出てしまうことがあります。人間は神とは異なり、「絶対」ではないことを心のどこかで常に意識していましょう。

人に関しても事柄に関しても、期待しながら忍耐を持って神の時を待つことが必要です。これは大切な霊的訓練です。時が来たら神は必ず門戸を開かれると信じて歩みましょう。

人間関係は常に流動的で不安定なものです。これに誠実に向き合って生きるかどうかが人生の方向性を決定していきます。誠実というのは、利害を越え、操作的な生き方をしないということです。

騒がしく忙しい現実の中で、意識して心を静めて、ゆっくり歩いてみることです。明日のことを考えはしても思い煩わないようにして。そうすればときとして無意識のうちに生ずる強迫的な行動や観念から守られるでしょう。

あったはずの幸せ、なかったはずの災いについて涙することはあってもよいのです。しかしかつて想像しなかった比類なき恵みもあったことを覚えたいのです。イエスの救いと慰めがそれです。また考えてもみなかった出会いもあったことを。このことを忘れないようにしたいのです。

弱さに打ち勝って生きようとするのは立派に見え、自分の励ましになるようにも感じられます。しかしこれで健全な心を養うことは難しいのです。むしろ弱さを抱えたまま生きることです。そのときパウロが言う「弱いときにこそ強い」ということが分かるようになります。

過ぎ去った日々をフィルムの巻き戻しのようにふり返るだけではあまり意味がありません。悪い場合は怒りが込み上げてくることだってあります。しかし、そこに新たな意味付けや神の意図を見いだそうとするならば、過去の物語りは変容する可能性があることを発見するでしょう。

神との親密で麗しい関係を築き上げていくためには、神の声を聴くためのみことばの黙想が欠かせません。人との関係もそれと似て、相手の語る言葉をしっかり聴かなくては素晴らしい関係を築くことはできません。

強い者の持つ力、弱い者の持つ逆転した力、そのどちらにも振り回されることなく、自己の存在の最も深いところに神を見いだすことです。そこは静かで安全な世界です。そこから語りかけられるみ声に耳を傾け、注がれる真の力に支えられ、人生の荒波を乗り越えて生きていきましょう。

神の愛は無限で人間の愛は有限です。私たちはこの二つを背反させ、無限の神にだけ目を向けることが霊的であるように考えやすいのです。しかし神は無力で弱く有限な人間を通して神の愛を見せてくださるという事実は愛の神秘というべきものでしょう。

愛情や友情のしるしを求め、それが得られないと不安定になってしまうような関係は成熟した関係とはいえません。神に愛されている確信があるならば、たとえ〈返しの愛〉がなくても、恐れや不安をいだかなくてもよいのです。

人は自分の心がどれほど強固につくられていても、何かが、誰かが自分を守ろうとしてくれているという感覚がない限り真に生きることは難しいのです。真の生存のリアリティには安全な他者が必要なのです。

恐れというものは何と私たちの生活を暗くすることでしょう。人に近づくことも、人から離れることもできなくさせてしまいます。この恐れを取り除く道は、どこかで愛によって歩もうと決心をすることが必要です。

私たちは精神的に行き詰まったりしますと、神が隠れておられるように感じてしまいます。しかし、これは感情の世界がそうなのであって、実はそのようなときこそ神は私たちの最も近くにおられるということを、しっかり心に留めておきたいのです。嵐のただ中におられるのです。

人は性格や家庭環境を選んでこの世に生を受けたのではありません。しかし長い人生において、自分の心に磨きをかけ、いくらかは環境をも変えていくことは不可能ではありません。それは大きなことから出発しなくてもよいのです。愛のほんの一瞥からでもよいのです。

人生は選択と決断の連続です。これらを我欲からしてはならないというのが人生の知恵です。自己中心的な行動は良き実を結ぶことはないからです。たとえ一時的によく見えても永続性はないのです。

人間関係の難しさは、どのくらい近づいていいのか、どのくらい離れていいのかその距離の取り方が分からないところにあります。しかし信頼が深まり、お互いが良い関係になりますと、距離のあるなしはそれほど大きな問題ではなくなります。それは恐れというものがなくなるからです。

同じ神を信じていても価値観や人生観は同じではありません。これを調和させて生きるのはなかなか難しいものです。分かりきったことですが、人は自分の望みどおりにはならないものなのです。しかし愛することはできます。

日常のどこかで、気詰まりのない穏やかな雰囲気の交わりを持っていることがとても大切です。それほど多くを語らなくても分かり合え、沈黙も温かく感じられるような関係です。そういう関係ができますと、そこから神の優しさというものも伝わってくるのです。

人間的に不完全であっても愛に生きようとするならば、そこから主のみ姿が輝き出て周囲の人たちを照らすでしょう。感情に翻弄されないで愛に生きようとする意志が与えられるよう祈りましょう。

様々な情報や身に覚えのない批判やまなざしによって、自分の心の芯を冷やさないようにしましょう。そのためには安心のできる温かで裁かれない交わりをどこかで持っていることが必要です。

愛を注いでも信頼しても報われないことがあります。相手のパーソナリティが未成熟な場合はその覚悟がなくてはなりません。しかし愛は与えることによって、やがて不思議なプロセスを経て、その果実を収穫することになるというのも人間世界の事実です。

心の中には自分では開けない部屋があります。しかし愛と信頼を持って親身に接してくれる人が現れると次第に開かれていきます。人間もさることながらイエスこそ、それをなさる方であることを知る人は幸いな人です。

人を理解することは難しいものです。外から見て分かるような部分は僅かであり、内側は複雑で深層部分は覆われています。だから心の読み違いは当然生じます。しかし愛することはできます。知は限界がありますが愛は永遠です。

人に喜ばれたくて過剰に反応しますと、疲れ果てるだけでなく周りから分かりにくい人になってしまいます。人からどのように見られようとも、その人らしく人生を誠実に生きていくなら、その姿は美しくも見え、かえって周りの人たちと良き関係を築くことになるでしょう。

待つことは信頼することと深く関わっています。相手を信頼するとき待つことができます。そしてそれは愛することと深く関わっています。待つことは愛することです。神も待ってくださったのです。

心に本当の安心感がないと、人間関係も懐疑的になり、仕事も落ち着かなくなります。幼子が母の愛と保護に支えられていないと不安になるのと同じです。その安心感を得るためには安全な他者の存在が必要なのです。神がそういう人を備えたもうことを信じましょう。

思い煩いとは何でしょうか。その材料は現在にも将来にもあります。それは外界から入って心を悩ませるのですが、心はその人の幼い頃から形成されてきた感情に左右されます。この感情をイエスの「思い悩むな」という確かなことばによって静めることが必要なのです。

距離が近すぎて相手がどんな人か分からない場合があります。その美点も素晴らしさも。しかしその近さをもって、相手の心と魂の真実に触れ合うことができれば本当の意味においてその人が分かるようになります。それには偽りのない愛が必要なのです。

ふり返りには痛みが伴います。できれば忘れてしまいたいという思いが出てきます。それは人間感情として自然のことです。けれども過ぎ去った日々には良かったこともあり、まったく想像しなかった新しい意味を発見することもあります。それが素晴らしいのです。

傍らに身を寄せる

喜びや悲しみは、深くなればなるほど、その人にしか理解できないものとなります。そうなれば共感ということも容易なことではありません。そのことを分かろうとしてくれる誰かが変わらず共にいてくれたら、それでよいのです。言葉はなくても大丈夫です。

心の最も深いところの隠れた自分を導いてくれる方がおられることを知っているでしょうか。このお方としっかりつながっているなら、安心して闇の中を通り抜け、その隠れた自分を肯定し、愛することもできるようになっていきます。

あれをしたい、これをしたいという行動への欲求は人の心を活性化させ、生きがいすら生み出します。しかしそれは魂の喜びとは性質を異にしています。真の喜びや生存の充実感は、その行動や人生が誰かのためになされるときに感じられてくるものなのです。

真に良い関係を築きたいならば、共にいるときには心の部屋を開いてお互いが耳を傾け合うこと、離れているときには、自分をふり返って感謝を選び取り、お互いのために祈り合うことです。

優しさ、温かさ、聖さ、美しさといった世界や事象にじっと心を留めることは否定的な世界を駆逐します。ただこれは望まなくては得られません。そうなるために精神的、霊的環境を整えましょう。

神から愛されていることはどのようにして分かるのでしょうか。それはまず神のみことばを通して分かります。それに加えて神に愛されている人との交わりを通して、そのことが人間感情からも認識できるようになっていきます。その意味で友情の持つ意味は大きなものです。

思い出してみれば、あのとき、あんなに平和だったではないか、あんなに喜んでいたではないかと記憶を蘇らせることが必要です。その想起によって神の恵みを感謝すると、あのときの平和と喜びが現在を動かすようになるのです。

心の奥深くを見つめることは楽なことではありません。そこには成育史の課題はもとより、きのう受けた心の傷の痛みも残っていて、できれば避けて通りたい気持ちが誰にでもあります。しかしそこに向き合い、ありのままの自分を受け入れてくださる主を思い起こし、その愛に触れましょう。

望ましくない感情を取り除こうとして努力してもうまくいきません。それより望ましい感情を取り入れることです。そうすれば恐れから平安へ、憎しみから愛へ心を向かわせるために良い備えをすることができます。

愛されず承認されず深い喪失感を抱いたまま生きることは、本人がつらいだけでなく、人を信頼することが難しいため対人関係を悪くさせてしまいます。しかし、その存在を受容し、幸せを祈って支えてくれる〈誰か〉に出会うことができたら人生に希望を持つことができます。

不信は人間関係を歪めてしまう厄介な感情です。これが心を支配すると、相手の心を読みちがえたり、見当外れの憶測に悩まされるようになります。しかし、お互いが愛し合える関係になるとき、それは消失していきます。

苦しみというものを、もしキリストの苦しみの一部として担うことができるならば、重荷は新しい性格を帯びてきます。〈理解に苦しむ不運〉も受容できるようになっていくのではないでしょうか。イエスと共に生きるということは、そういう霊的世界を拓くのです。

自分の人生を大切にしなくてはならないということはみな分かります。しかしそれが心を大切にすることなのだという認識を持って生活している人は多くないのではないでしょうか。もし心を大切にした人間関係を構築していくならば、その人の人生は良い実を結ぶべく拓かれていくに違いありません。

人は理解的、共感的に耳を傾けてもらうことによって、自分の姿が見えてきて、周囲との関係にも新しい気づきが与えられます。そんなときに自分の悪いところに気づかされたり、また良いところも発見するのです。

神が私を知っておられるとは、私が自分を知っている以上のことです。喜びや悲しみ、恐れや不安の細部に至るまですべてをご存じなのです。愛の神はそのただ中に現存されるのです。

人間は毎日ふり返りつつ進まなければ成熟を望めません。行動に行動を重ねてもふり返りがなければ、同じ失敗を重ねることになります。そのふり返りを聖書のことばに照らしてやってみましょう。

沈黙し、黙想することによって真に語るべき言葉が見つかります。またなすべき行動も見えてきます。それは魂の深いところにおいて神のみ声に耳を傾けることになるからです。

心の曇りを取り払い、澄んだ青空のようになっていないなら、人を正しく見ることも適切な言葉を選択して語ることも難しいように思います。沈黙のうちに心を見つめ聖霊によって曇りを払っていただきましょう。

人を励ましたり喜ばせたりすることは素晴らしいことです。しかしそのとき、その方法や手段に心を奪われないようにしたいのです。それより自分がどんな気持ちでそれをしようとしているのか、相手の気持ちをも考えながら行動したいのです。そもそもホスピタリティ（もてなし）は相手中心ですから。

愛に見返りや酬いを求めるような要素があると心は疲れます。しかしいくらかでも無条件で純粋な愛に満たされると、心は疲れることはありません。

人は温かで安全で決して傷つけられることのない心の居場所がどこかになければ、真に落ち着いた生活ができません。神のふところこそその場所ですが、その世界が映し出されている霊的交わりも必要なのです。

愛に見返りを求めてしまうのが私たち人間の普通の心です。この現実を否定せず、その弱さを防衛せず、そのまま神のみ前に出て「主よ。あわれんでください」と祈りましょう。

快、不快、好き、嫌いという感情を避けることは難しいことです。大切なことは、それを心の中心に置かないようにすることです。心の奥で祈り、黙想する習慣をつけることによって次第に本能的な感情を抑制することができるようになります。聖霊もそこに働かれますから。

心配事というものは、どこでそんなに肥大していくのでしょうか。それは私たちの「心の中」で起こるのです。つまり思考や感情が恐れや不安を引き起こすのです。しかし幸いなことに、その同じ「心の中」で平安の源泉であるイエスを思い巡らし、その心に触れることもできるのです。

心というものは、自分以外の何かに照らされて、その姿が分かるのです。鏡によって自分の姿が分かるのと同じです。愛や喜びや平安に触れると自分の姿が見えるのです。

ひととき静かに座って思い巡らす時を持つようにしましょう。むりやり何かを発見しようなどと思わないで、主の語られた愛のことばをゆっくり噛み締めるように味わうのです。すると心に新しい変化が訪れてきます。

幼子はその名を呼ばれ、無条件の愛の呼びかけを聞き、これに応答して成長していきます。そして、それはいくつになっても、人が健全な自己像を維持していくために必要なものなのです。

抵抗や逃避や批判などの気持ちが起きた場合、大抵は自分の外に原因があるように思うものです。しかしそう感じているのは自分なのだから、なぜそうなるのかを考えないと問題の真の解決には至りません。そのためには自分の魂の奥深いところを見せてくれる光が必要なのです。

解決ができないことをそのままにしておくことはストレスとなるため、人間の知恵を総動員して対策を講じたくなります。しかし事態が変わらないことの中にはそれなりの意味もありますから、神の意図を知り、神の時を待てるよう自分を訓練したいのです。

人を生かす真に優しい言葉は、相手を操作しようとしたり説得しようとしたりする心からは出てきません。それは人間の悲しみや苦しみを理解し、人はみな愛されることを求めている存在だということを、心の奥深くにおいて知ることによって自ずと現れ出てくるものなのです。

愛と喜びと平和に生きようと決心するとき、恐れや不安が後退し始めるのが分かります。ゆっくりではあるが確かな変化が起こります。

人は理解されなかったり、無視されたりすると孤独に陥ります。このとき、その孤独な自分を置き去りにして動き回らないで、私たちを「昔からずっと、抱いてこられた」主に身を寄せましょう。そこは安全で傷つけられることのない世界です。

自分をよく知らないと繰り返し同じ悩み方で苦しみます。ちょっとした事がきっかけで不快な感情や心の痛みが生じた場合、まさにそのときに、そう感じた自分が何に支配されているかを知り、つまりそれまで捕らえられてきた否定的な考え方を発見したらそれを修正できるよう祈りたいのです。

心をしっかり愛の世界につなげましょう。それを怠ると、語る言葉や行いに自分の願いや欲ばかりが現れ出て、ついには周りの者は疲れて引いてしまいます。

気を遣う心理の中には、無意識のうちに自分の心の安定を求めている場合があり落ち着きません。しかし心をつかう場合は大体において相手が中心になっていますから気持ちが楽であるだけでなく、お互いの心が温かくされるのです。それは素晴らしい恵みです。

周囲が自分にとって好ましくない状態であっても、それをあまり気にせず、自分のなすべきことを誠実にやっていきましょう。人には愛を持って。するといつしか周囲が変わっているのに気づくでしょう。

内なる心の豊かさ、それは泉のようなものです。どのようにしてそれを得ることができるのでしょうか。それは静寂を通じて安らぎの源泉であるイエスの傍らに身を寄せることによってです。

道を見いだそうと焦ってはなりません。焦りの中には欲が絡みついた願望や操作が入り込みます。これは良き人間関係を損ないます。大切なことは人の評価を気にせず、いま置かれているところで愛を持って精いっぱい、誠実に生きることです。道はそこから自ずと開かれてきます。

愛するとか赦すとかという課題はだれもが難しいと言います。しかし難しいというのは、自分の力に依存しているところから出ているわけですから、よくよく考えればその態度は謙虚ではないのです。難しいのは当然なのですから「主よ。愛のない者を憐れみ給え」と祈りたいのです。

見返りを期待しない何げない優しさや温かさは、人の心の中心に触れるものです。それは言い換えれば、「あなたは大切な人です」と伝えていることでもあるのです。

「目の見えない人が、足の悪い人を背負うとき、二人は一緒に前進する」ということわざがあります（スウェーデン）。これは考えてみれば、単に身体の不自由な人たちのことではなく、人間関係そのもの、人生そのものがそうなのです。この認識ができるとき、共に生きることが始まるのではないでしょうか。

私たちの日々には、心もはずむ特別に楽しい体験というものがあります。しかし重要な意味を持つものとなると、そうした特別の時というよりも、心に残るちょっとした心身を憩わせるような瞬間ではないかと思います。その集積が私たちを幸せな気持ちにさせるのではないでしょうか。

自分の心に触れることは、決してやさしいことではありません。それは心の闇や影にも向き合わねばならないからです。しかし魂の最も深いところにある複雑な心の事情のすべてを知っていて、愛のみ手をもって支えてくださるイエスがおられることを信じるなら恐れることはありません。

何げない会話。平凡でごく普通の生活経験の中に大切なメッセージが隠されていることがあります。つまり普段着の人間の感情や行動の中に現れる真実というものです。私たちはそこからもっと学びたいと思うのです。

人は自分が考えていることや感じていることを、すべて言葉で表せるものではありません。だから人にじゅうぶん分かってもらうことは難しいのです。これは人間の限界と言ってよいでしょう。しかし神は私以上に私を知っておられる方です。ですからどうしようもない面倒な心の世界についても心配いりません。これは大きな慰めです。

自分という存在が大切にされているという感情は、何かができるという自信よりも、ずっと重要なことです。それが得られたら不思議なことに、それまで経験したことのないその人らしい何かができるようにもなっていきます。それが分かれば、もう他者と比較などする必要がないのです。

神の愛というものは、知では分かりにくいものです。何かの出来事の中で心に響いてくるものです。例えば誰かに長く待っていてもらうと、人でさえもこんなに待っていてくれるならば、「恵もうと待っておられる」という愛の神の心も次第に分かるようになっていくのです。

心を分け合って共に歩むためには、先走らないこと、読み込まないこと、操作しないことが必要です。つまり自分中心の歩き方をしないことです。愛するということは、そういうことなのです。

私たちはよく「元気を出して」と言います。そのようなちょっとした慰めや励ましの言葉で気持ちに変化が起こることもあります。しかし本当の意味で元気が出てくるのは、愛され、信頼されていることが、心に響いてくるときではないでしょうか。

ときに寂しくなったり悲しくなったりすることは、人の心の成長から考えると悪いことではありません。その場合、一つの課題は、それがどこから来るのか分かろうとしてくれる人が、身近なところにいるかどうか、ということです。

抱えたまま生きる

本当の優しさに触れると人は安定してきます。それは本当の優しさには変化に耐える温かさがあるからです。子どもがどんなに泣きわめいても無条件に抱きかかえるあの母のような変わらぬ温かさです。

異なった感情や異なった考えに接するとき、驚きやストレスを感じることがあるでしょう。しかしそれらを受容し、きちんと向き合うなら、それは私たちを成熟へと導いてくれるものともなり得ます。人生が開けるかどうかはそこでの選択にかかっています。

これが一番いい考えだ、これでいいという思いになっても、少し時間を置いて、もう一度、澄んだ透明な心になって考えてみましょう。すると言わなくてもいいことやしなくてもいいことも見えてくることがあります。特に夜考えたことは、朝の光の中で確かめてみましょう。

弁明したくなったり正当化したくなったりする誘惑に勝つことが必要です。

その思いを抑圧でなく、沈黙のうちに昇華し、祈って神に委ねることができたら想像しなかった新しい世界が開かれてくることでしょう。

私たちは他者に対して自分の考え方や感じ方を理解してほしい、できれば合わせてもらいたいと思っているのではないでしょうか。これは言い換えれば、仕えてもらいたいという願望に等しいものです。しかし信仰はここから抜け出て、人の心や行動を何とか分かろう分かろうとさせようとするものです。それが愛するということなのです。

目に見える人間の心をよく理解し、対話が成り立つように努力することは難しいことかもしれませんが、意味のあることです。それは目に見えない神のみ心を知る訓練になるからです。

心のすれ違いをそのままにしておくと、憶測で関わるようになり、心の闇が濃くなります。元に戻すには自分の考えを聞いてもらいたいという願望を脇に置き、まずは理解しようという愛を持って相手の心に耳を傾けることです。それを純粋な思いを持ってすることです。

誰でも自分の心の奥深くに温かで安らいだ部屋を求めています。それを得るためには、そのような世界を意識的に求めている人たちと接することです。すると太陽の光が部屋に差し込んで、辺りが明るく暖かくなるのと同じようなことが起こってきます。

愛に基づかない計画やビジョンというものは、どんなに立派に見えても早晩思わぬところから問題が出てくるものです。それに対して愛があるなら、やがて良い実を結ぶでしょう。

神の愛を魂のうちに感じられるまで祈りましょう。それがないなら、むりやり自分の心の悲惨さに目を留めない方がよいでしょう。愛されているという確信があって初めて自分の弱さや破れに向き合えるのですから。

人は愛され、その愛によって存在が支えられるとき、本来の自分になっていきます。そうなれば、比較や競争の世界に生きなくてもよくなり、心は自由にされるのです。

冷たく堅い氷でも春がくれば少しずつ溶けていきます。これは素晴らしい象徴です。凍りついた心も小さくはあっても温かな愛に触れるたびに溶けていきます。

人の語ることをゆっくり丁寧に聴く習慣を身につけるようにしたいものです。人を真に理解するためには何としてもそれが必要です。これは神の心を知るためにも必要なことです。「かすかな細い声」を聞くために。

私たちは、よほど周囲から規制でもされない限り、多くの場合、好き・嫌い、快・不快などの感情によって行動しているものです。このことに気づき、いくらかでも〈考えて〉行動するなら現実は変容し始めます。

心配や思い煩いは心を乱します。それが増幅すればするほど問題に振り回され混乱してきます。しかし、問題を神のみ前に持ち来り、静かに神への信頼を持って祈るならば、心は穏やかになり、本当の問題は何なのかということにも気づくようになります。

愛し愛され、信頼し信頼される関係の中では、言葉の失敗があっても傷つくことが少なくてすみます。お互いに限りある言葉の奥にある真の心を知っているからです。

ひと呼吸おくこと、ちょっと我慢すること、一歩踏み出すこと、こんなことの積み重ねが、実はその人の人生を左右するようになるのです。ですから良い人生は瞬間、瞬間が大切なのです。

人はその人にしか理解できないような悩み方で悩むものであるということを理解するだけでも、人に対して優しい気持ちになれます。そもそも愛も優しさも理解することから始まるものですから。

私たちの眼差しや微笑みが、誰かの心を温めたり、勇気づけたりすることができたら、もうそれだけでも、その日一日を生きた甲斐があるのではないでしょうか。生きる意味をそんな風にも考えたいのです。

祈りが神への請求書のようにならないためには、みことばを十分に思い巡らすこと（黙想）が必要です。そうすれば本当は何を祈ればいいのかが分かります。何よりも本当の自分に出会うことになります。

神と深く交わるためには、みことばを思い巡らすことが必要なのですが、そこから祈りの言葉が流れ出て神に届けるようにしなくてはなりません。自分の思考のうちに留め置くだけにしないようにしたいのです。

良い聞き手になるためには、自分のことを語ることを控え、また相手からも聞き出そうとしません。相手から出てくる言葉や感情に評価を加えないで寄り添います。これは人間関係の鍵でもあるのです。

体の変調に敏感であるのと同じくらいに、心の振幅や明暗などに注意をはらうだけでなく手当をするようにしたいと思うのです。小さな心の曇りでさえ放っておきますと固まってしまい、人間関係に影響します。自分の心を大切にすることは、周りの人たちを愛するということにもなるのです。

自分を愛するということは、自分を大切にするということです。もう少し丁寧に言うなら、人からよく評価されたり称賛されたりするような自分だけを承認し、愛するのでなく、無条件に自分を愛することが真に自分を大切にするということなのです。

日が沈み夜が訪れたら光を灯すように、心に疑い、不信、孤独の闇が深くなったら、愛すること、希望を持つこと、微笑むことなど、明るい道へ一歩踏み出してみましょう。何かが変わるはずです。

仕事や人間関係で心が疲れたら、現実から少し離れ、静かで安全な世界に身を置いてみることです。それは雨宿りのような、途中下車をして散歩するようなことです。そうすると人との関係の仕方などにも新しい気づきが与えられてきます。

人から必要とされることは、私たちに生きがいを与えてくれます。しかし、それを中心に生きていると大きな失望を味わうことにもなります。それは人というものは変わりうるからです。大切なことは神が私たちを必要としていることに気がつき、それに応えていくことです。

心には自分だけしか住んでいないような場所というものがあります。それは心の庭のようなところです。いつもそこに帰って来ることが必要です。そこで魂を憩わせ、いのちの水をいただくのです。

自分をあるがままに受け入れられるかどうかは、人の一生に関わる問題です。その基盤は人生早期につくられるものですが、どの時期でも取り戻すことができます。それは愛することと愛されることを神と人との間で体験的に学ぶことによって可能になります。

神との関係が魂の深みにおいて、絆のようなレベルで維持されているなら、存在基盤が不安定になるような孤独に陥ることから救われます。従って人に過度に気を使い疲れ果てることもないのです。

あれもしなくては、これも急がなくてはなどと、自分を強迫的に追いつめてはなりません。それらを成し遂げれば、ある種の満足感は得られても存在の深みにおける喜びや幸福感はそこからは得られないのです。それは本来、人格と人格とが触れ合うところから生じるものだからです。

人からこのようにしてもらいたいという気持ちは誰にもあります。あっても相手のことを考えて自己中心的な欲求を昇華できる人は、心の成熟度の高い人と言ってよいでしょう。

信頼と不信が常に拮抗しているのが、この世の中というものです。もし信頼というものが勝っているなら、穏やかな関係が維持できますし、日常のいたるところで優しさを感じ取ることができるでしょう。

自分を持っているということは、独りでいられるということです。独りでいられる人は評価に縛られて生きることから解放されています。言葉を変えて言えば、傷つきにくいと言ってよいでしょう。

感情というものは美しくも醜くもなります。一瞬にして変化することがあります。ですからこれに振り回されて信仰生活を送ってはなりません。聡明な判断を聖霊に求めながら、良き選択を決定することが肝要です。赦すこと、謝ること、愛することを決定するのです。

自然が美しく見えたり、音や色に感動できるのは、それ自体にそうさせる要素があることは確かです。しかし深い感動となると、そこには人間の物語や神の物語があり、それを分け合う存在があって実感できるのではないでしょうか。私たちが心を分け合い共に生きるとき、世界は色彩を帯びてくるのです。

恐れや不安に取り囲まれると、それを取り除こうと動きたくなります。落ち着かないからです。けれどもそんなとき最も大切なことは神の変わらない愛の中に身をゆだねることです。そうすれば見当外れの気の遣い方をしていることも分かってきます。

生きている実感というものは、自分の世界だけでは得られません。誰かのために喜んだり、悲しんだり、安心したり不安になったりすることによって心は動き始めるのです。

弱さをむりに克服しようとするのではなく、それを抱えたまま生きること、たとえ愛されなかったとしても、その自分を否定するのでなく、その自分を愛し受け入れて生きることが大切なのです。

人はちょっとしたことで感情と思考が混乱し、暗い悩みの世界に引き込まれてしまうことがあります。しかし、不思議なことに、そこは極めて創造的な世界でもあって、深い洞察や気づきが起こるところでもあるのです。ですから悩みというものは大切にしたいのです。

もっといい見方や感じ方があるにちがいないと思うことがありますが、それができない心の不自由さというものがあります。しかし人生には物の見方を変えてくれる人や出来事に出会うことがあります。これは神の導きによるものと言ってよいでしょう。

どんな感情であれ、その思いが激しければ激しいほど、それに飲み込まれてしまいますから、自分が分からなくなります。イエスが言われたように「何をしているのか分からない」のです。この問題の解決のためには自分の心の動きに気づくために独りになる必要があるのです。

人間はみな等しく存在価値があると言われても、自分という個人がすぐそのように思えるわけではありません。理屈として分かっても実感できるわけではないのです。それが実感できるのは、どんなときも存在を肯定し親身に耳を傾けてくれる人が現れたときです。

愛することや赦すことには、そうする決心というものが必要です。そこに感情が伴わないからと言ってがっかりする必要はありません。感情の癒しには時間がかかるのが普通なのです。決心したとき、感情の癒しも徐々に始まっていると信じてよいのです。

人間関係において失敗してはならない、完全にしなくてはならないなどと思っていると不思議に自己中心になり、結果的にお互いが傷を負うようなことにもなります。うまくできなければ、そういうこともあるのだと思うことです。そこから相手に対する優しさというものも現れ出るのです。

小さなことの中にも感謝や喜びを見いだせるようになったら心は健康な方向に向かっています。そんなときは人を悪く思ったり責めたりする気持ちからも解き放たれているのです。

人が自分が何であるかを知り、本当の自分になっていくためには、愛に根差した真実な交わりのできる他者が必要です。人はそのような交わりを通して自分を知り、受け入れ愛することができるようになっていくのです。

今か、今かという待ち方は疲れますし、そもそも人間の願望が強すぎて心は結果に翻弄されます。しかし聖書が告げる待ち方は「神の時」を待つわけですから疲れることなく、結果を受け入れることができるのです。

神が傷つきやすい幼子として来られました。無防備な姿で人間の間に住まわれました。これこそ信頼のモデルです。疑いと不信が常に絡みつく人の世に対する慰めに満ちた比類なきメッセージです。

神に出会うとか神の現存に触れるというようなことは、何か特別の経験をしなくてはと考えなくてもよいのです。今置かれているところに神を見つけることです。それは静かな温かい心を持って現実を見つめることです。それを祈りの心を持ってするのです。

強がったり誇ったりするとき、実は心の奥深いところに孤独で自信のない子どものような自分が叫んでいるのですが、このことに気づいている人は少ないのです。しかし本当の愛に触れるとき、その自分の存在に気づき、手を差し伸べることができるようになるのです。

おたがいの木陰で

愛の神と共に独りでいることのできる人は、他の人に対して肯定的な感情を持って共にいることができます。それができるようになると、神が愛の方であることがそれまで以上に分かるようになってきます。

魂の深くにおいて神のことばにしっかり耳を傾け、神の温かな心に触れることができるまで静まって祈ってみましょう。これができるようになると人の心に耳を傾けることができるようにもなっていきます。

自分の姿が自分で見えないのと同じように、自分の心も見えないものです。それは人の姿や外から来る光に照らして初めて見えるようになっていきます。それゆえ自分を真に知りたいと思うなら、イエスの姿にしっかり目を留めることと、人との良き交わりが必要です。

人は親しくなると感情レベルでその人に喜びや悲しみを表すことができるようになります。同じように神との関係が親密になればなるほど、何でも話せるようになります。人には言えない恥をもさらけ出せるようになります。そしてそのようにしても安全なのです。

仕事や人間関係の中で現実を知るだけでなく、そこから離れた誰もいないところで、現実の奥深くを見つめることが必要です。良き判断はそういうところから生まれ出るのです。

実り豊かな人間関係というものは、自分の安定のために相手に親切であったり、配慮的であったりするところからは出てきません。それは相手自身の幸せを純粋に考えることによって与えられる贈り物なのです。

人は自分の心の事情を優先しやすいものです。理解してほしい、受容してほしいなどという心です。けれどもそこが中心になると、人間関係は成熟しません。いくらかでも、相手の心の事情を考えることができたら成熟にむけて一歩踏み出すことになります。

人から認められることは嬉しいことです。しかしそれを得ようと行動し始めると心は醜くなり、かえって得られなくなるものです。己を低くして誠実に生きていれば、何もしなくても、その心の美しさゆえに、周囲はその人の価値を認めるようになります。

家族や友人また他の人々の間において、自分のことが覚えられているか、忘れられているか、また大切にされているか、ぞんざいに扱われているか、これは生存充実感に関わる決定的と言ってよいほどの事柄です。人間関係の問題は、大抵は、その問題をめぐって起こることを知っておくだけでも改善にあたって大きな助けになります。

神は困難に際して、いつ私たちの難しい現実に介入されるか分かりません。多くの場合は、私たちが想像しなかったようなときと状況の中にご自分の姿を現されます。ですから祈って待つことが必要なのです。

心の中にある不快な感情や幼い感情は、押さえ込んだり否定するととても始末が悪くなります。そうなっている自分の姿を認め、まずはそういう面倒な自分を受け入れることが必要です。これができると、その感情は昇華され、心の世界に新しい地平が開かれてきます。

人は誰でも、本能的にと言ってよいほど、人から褒められたい、認められたい、注目されたいという気持ちを心の奥深くに持っています。しかし、その自己中心の思いからいくらかでも自由にならない限り、爽やかな春のような人生は訪れません。

人の心の表層は傷つきやすく不安定なものです。けれども心の最深部が主の愛に満たされているなら、その人は「変わらぬ友情」を持って人と交わり、他者の支えとなることもできるでしょう。

心が騒がしくなればなるほど、物事の良い判断は難しくなります。従って真に実りある仕事をすることも良き人間関係を築くこともできません。だから、まず沈黙のうちに心を静め、魂の平安を体験することです。

精神的にも物質的にも、少し損をしても良いという心を持つことができれば人との関係を穏やかに保つことができます。それは譲る心と言い換えてもよいと思います。けれども、これは人格の成熟に関わるような事柄であって一生の課題かもしれません。

愛がなくては人の心を真に知ることは難しいものです。それは人を偏り見てしまうからです。しかし愛するようになると、見えなかったものが見えてくるということが起こります。これは復活のイエスに対しても同じかもしれない。イエスを愛するときイエスが分かるようになります。愛は知を越えるということなのでしょうか。

人は自分が必要とされるとき、生きがいを感じます。無用感に襲われるほどつらいことはありません。このことが身に沁みて分かってきますと、人にどう関わってよいのかよく考えるようになり、話す言葉も節約し、人の心に耳を傾けるようになってきます。

人は苦悩において自分自身と対峙するようになり、自分の姿が良くも悪くも見えてきます。しかし気をつけたいことは、視野狭窄に陥りやすくなり、人の心をよく理解できなかったり、読み違えたりするようにもなります。そうならないためには安心のできる温かな交わりがどうしても必要なのです。

何処かで待ってもらったり、誰かに捜してもらったり、共に歩いてもらったりすることは、とても意味深いことです。それはイエスが私たちを待ち、捜し、共に歩かれる方だということを想起させてくれるからです。これは日常においてイエスを見つけるということなのです。

幼い頃、苦しみを回避して何とか生き延びるため、本能的に身につけてしまった考え方や自己像が、現在の自分自身や人間関係を苦しめることがあります。そんなとき、幼いままでいる自分に「そんなふうに考えなくてもいいのだよ」と言ってあげなくてはなりません。

心が安定していないと、あの事もこの事も、あの人にもこの人にもと気を使ったり、動きたくなったりします。ときには自分を追い込むように。けれども心が落ち着いて平安であると、本当に大切なことが何であるかが分かり、心も相手中心に使うようになっていきます。

言葉も行いも愛が込められているとき、生きたものになります。ただうまくやってのけるというような対人関係や人生態度は、人にも事柄にも真の変化をもたらすことがないばかりか、爽やかさや美しさも出てきません。しかし愛がこめられるとき、確かに生き生きとした何かが動きだすのです。

大切な決定をしなくてはならないときは、心が静かで温かくなるまで待ったほうがいいのです。興奮して騒がしい心で行動すると、失敗が多く、人との関係もよくなりません。とりわけ良い着想やアイデアが溢れたときには特にこのことを心に留めておきたいと思うのです。何かを見落とすからです。

誰でも美しい花々を目にするとき、感動してそれに目を留めるでしょう。するとそこから何かが見えてきます。普段の心の生活の中で大切なことの一つは、心と魂を温かく支えてくれるものに、じっと目を留めてみることです。ときにはむりにでも動きを止めてみる必要があるのです。

過ぎ行く日々の生活の中で、時間が止まるような瞬間・時というものが必要です。動いているときには見えなかったものが見えるのは止まったときです。人生という風景の美しさや人間の心の奥深さなどが見えてくるときもそれと似ています。その時というのは、深い静けさに心を開く瞬間と言い換えてもよいかもしれません。

出来事を神にゆだねるだけでなく、人をも神にゆだねるとき、心と魂は深い平安に包まれます。これは多くの場合、徐々にというよりも瞬間的に起こる変化かもしれません。それは荷物を人の手に渡すようなイメージを描くとよく分かります。

個人を、またコミュニティを健康にしていく重要な要素の一つは信頼に満ちた眼差しです。これはあなたがいてくれて嬉しいというメッセージを放つものです。この眼差しを注ぐことのできる人は注ぎ返されるという幸いな人生を歩むことになるでしょう。

心も体も疲れて祈ることができないようなときも心配することはありません。そのままで「主よ」と目をイエスに向ければよいのです。イエスはそこにおられ、私たちに触れてくださいます。その霊的な感触こそが平安の源泉なのです。

重荷がのしかかるとき、神が遠くに感じられ、神のみ旨を問うよりも実現可能な解決策を考え手を打ちたくなります。普通はそうです。しかし神を信頼して生きる人は、神の方法があることを信じ、み手の動きを確かめつつ行動するのです。紅海が開くことを信じて。

暗い感情にも明るい感情にも溺れないようにしたいのです。ほどよく制御することができれば、周囲に対して良い贈り物となります。調和のとれた感情生活は対人関係に豊かな実を結ばせます。

それが何であれ、他者に対して負い目がある人生は苦しいものです。しかし祈りつつそれを担うとき、そこから人に対する優しさや謙虚さというものを学ぶようになります。ただ残念なことは、人はみな何らかの負い目を持って生きている者なのですが、それに気づくことができないため、自分が負い目などない正しい人間であると錯覚していることです。

人は幼子が母とのつながりを求めているように、いつも自分の心を満たしてくれる何かにつながろうとしています。その対象が本当に人を生かすもの、安全で傷つけられるものでないなら幸いです。何につながるか次第で人の魂は生きもし、死にもするからです。

信仰生活の充実を願うならば、「神の静けさ」の中に降りて行くことが必要です。そのためには私たちの心も静かにさせなくてはなりません。あのことこのことと、気がかりになっていることを一旦横におき、静かな心で降りて行くのです。すると不思議なことに悩まなくてもよいことに心を擦り減らしていたことに気がつくのです。

物でも心でも、奪い合うところから平和な世界は出てきません。心は傷つき、ときには亀裂が生じるだけです。しかし分け合い、与え合うとき、癒しと成長の過程が始まり、心に春が訪れます。

人の心と行動に対する理解が深まれば、私たちの乱れた感情や思考は整い始め落ち着いてきます。しかし問題は考える間もないほど忙しく生活に静かに沈黙できるような隙間がないことです。

愛されているという感覚ほど人との関係を平和で穏やかにするものはありません。これが得られないと些細なことで躓き、人に対して懐疑的になり、安定した関係を持つことができなくなります。これを解決するためには、小さくても自ら愛を表す生活へと一歩踏み出すことです。

日常生活の中で神の呼び声を聴き、その現存にふれるには、事象をよく見つめ沈黙のうちに静かに黙想することが必要です。これは必ずしも長い時間を要しません。神への心の向け方次第です。

小さな喜びの世界や素朴であっても真実な関係を大切にしたいのです。なぜならそれは、人生において必要なものとそうでないものを識別させ、心の旅を豊かにしてくれるからです。

親切と愛の小さな名もなき、記憶されることもない行為の数々こそが人の心を癒すのです。そしてその集積が生きる力を与え、温かで健康な心をつくり上げていくのです。人は心が触れ合うような出会いや交わりを通して自分自身を発見していきます。良いところも悪いところもです。これは会話が多いか少ないかではなく関係の真実性に関わることです。この真実な関係・交わりは人生における宝物のようなものです。

イエスが罪を赦してくださったことを日々感謝しましょう。そうすると自分が自分を赦すことができるようになります。自分を赦すことができないと真の意味で人を赦すことはできません。赦しの鍵は行き着くところ他の人ではなく自分にあるのです。その鍵で自分の心の部屋を開けましょう。

アイルランドに「人はおたがいの木陰でくらしている」ということわざがあ

るそうです。これは共に生きることの本質を考えさせてくれる示唆に富んだ言葉です。〈おたがいの〉となれば、木の葉が繁るために各々が地中から水分を吸収しなくてはなりません。それを〈愛の土壌から〉と言いましょう。

沈黙のうちに心を静めることを生活の中に根付かせましょう。するとどこからでも、神の語りかけが聞こえてきます。ただそれは細きみ声ですから、心の耳と目を対象に集中させなくてはなりません。

心の最深部を見つめ、本当の自分を知らなくてはなりません。傷ついているなら手当をし、渇いているなら潤すことが必要です。そのままにしておくと思考と感情は乱れ、自分も周りも苦しむことになります。しかし手当てをし、癒す方がおられることを感謝したいと思います。

多くの人は記憶に苦しんでいます。しかし記憶というものは必ずしも事実と一致しているとは限らず、解釈によって変わってもくるものです。そして人から愛されるようになったり、人間に対する理解が深まってきますと、記憶は次第に私たちを苦しめなくなります。

人に認められよう、愛されようなどとは思わず、純粋に人のために心を遣い、何かをしたという思い出は、いつまでも温かな記憶として残ります。そのような思い出は心の財産となります。

自分の生活に何が起こり、何を感じ、何が問いかけられているのか、それに向き合うため、静かに魂の深みに降りていくことが必要です。そこで主のみ声を聴くことによって一歩踏み出すのです。

待つことができない心に気をつけたいのです。それは何事でも、自分の力や判断でやりたいという心と表裏一体となっているからです。待つことができるようになると人に優しくなります。また神との関係も信じて待つことを通してより親密なものになっていきます。

仕事に限らず目的を持って歩むことは大切なことです。しかし、どんな態度で、どんな歩き方でそこに向かうかがそれ以上に大切なことです。時々足を止めて一息入れないと、大きな失敗をしてしまうことがあります。歩き方が間違うと転んだり、人にぶつかったりしてしまいます。

問題が解決しなければ前に進めないと考えないで、抱えたまま今できることを前向きに一歩進めてみましょう。今日という新しい人生の一頁をめくるのです。扉を開くようにです。すると思いがけない転換や感情の変化、また霊的気づきが生じ、新しい世界が開かれてきます。

人でも事物でもあまり近くではよく見えません。しかし少し離れてみると全体像がよく分かります。これは自分という存在についても同じです。自分を外から見てみる。あるいは他の人や書物のような鏡の役割を果たしてくれるような手段を通して見ると自分がよく分かります。

人は一時間も同じところにいれば、何らかの言語的、非言語的な刺激や影響を受けるものです。あるいは、それらを自分が与えることになるかもしれません。そうだとするなら、弱い私たちは健全な交わりやコミュニティに身を置かなくてはなりません。ときにはすみやかに。

降りていく祈り

自分の思いが先立ち、一人で行ってしまわず、また後ろから駆り立てることもなく、傍らを共に歩くことは決してやさしいことではありません。けれどもこれは不可能なことではなく、相手の感情や思考の動きを大切にするとき、次第に隣で歩くことができるようになります。

人は目で見て確かなものだけを頼りにする傾向があります。ところがそれが崩れるときがあります。しかし、そのときこそ変わることのない神に心を向ける機会となります。この方を信頼できる人は不確かではっきりしないような人間世界に翻弄されずに生きることができるのです。

心に温度があるとするならば、赦しの世界は温かで融和的です。しかし裁きの世界は冷たく対立的です。これは自分で選択できるものです。もし赦しに生きることを選ぶならば、その人の人生の〈脚本〉は大きく書き換えられ、対人感情も温かくなります。

異なった感性や考え方の人から何かを学び、交わることができたらそれはパーソナリティ〈人格〉の成熟というものです。それを一歩でも意識的に進めることができたら心の風景は変わります。

暖炉に火が灯ったら、薪を絶やさないように入れなくてはなりません。同じように心が温められ、平安が与えられたら、それを保つため自分を痛めつけたり他者を批判したり傷つけたりするような、つまり火を消してしまうような言動に気をつけ、温かな感情や考え方という薪をくべるようにしたい。そうすると周りも温められるのです。

私たちが他の人に対して抱く思いや向ける眼差し、またちょっとした語りかけでも、それは相手の幸福に関わるものであることを心に深く留めておきたいと思います。たとえ小さな微笑みでも、それを受ければ人は幸せな思いになるものです。

自分の心の奥深いところとつながり、自分をよく知り、その静けさの中に留まることがなければ、真に他の人の心を聴くことは難しいのです。だから僅かな時間でも、〈知〉に留まらないで〈心〉に降りていくような祈りの時を持ちたいと思うのです。真に温かな対人感情もそこから出て来るのです。

自分が真に生きているという実感を持てるのは、何かを成し遂げたとか、何かを手に入れたというようなことではなく、自分が他者から必要とされていると思えるときです。それは愛を認識するということでもあるのです。そして人は日々それを必要としているのです。

悩んでいる人に対して、いくらかは役に立てるのではないか、また役に立とうという思いが膨らんできたら気をつけたいのです。その思いが強くなると相手はもうそこにいなくなり〈自分〉がいるのです。実はそういう自分は相手のためにはならないのです。大切なことは役に立とうとは思わないで相手の傍らにいることです。いつも変わらずに。

良い人間関係は相手のために心の部屋を空けておくことです。そして聴く用意をいつもすることです。話したいことがあり過ぎて人に耳を傾けなくなるとき、神にも耳を傾けなくなる可能性があることに注意したいのです。

何かに心が燃えたり、関心が極度に集中したりすると、心が麻痺してしまうことがあります。そうすると自分が誰であるのかよく分からなくなり、本当の自分を生きるのが難しくなることがあります。そうならないためには自分をよく見つめる習慣が必要です。

過去の傷は赦すことによってしか解決しません。赦しによって人を裁くという重圧から解かれ、傷ついた過去に別れを告げましょう。過去から解放されるとき、今を生きることが可能となります。

こうならなくてはならない、という人間的な願望を捨て、心を込めて祈り、決定したならば、結果がどうなっても心配はいりません。神が新しい道を開いてくださるからです。

心を温めるよう少しずつ努力してみましょう。それは異なった考え方も理解しようと耳を傾け、相手と感情を共にしようと努めることによって可能になります。それが愛に生きるということなのです。

どんな感情であれ、過去と無関係なものはありません。同じような経験をした過去に溯ってみて、それが喜びの経験であれば、もう一度感謝しましょう。つらい経験であれば、自分も他の人も完全でなかったと考え、両方を赦すことです。これは感情生活を左右することになります。

嫌なことを思い出したくないため、それを忘れようと気分転換をはかっても根本的な解決にはなりません。かえって傷ついた感情を取り込むだけになり、早晩それは形を変えて現れ出ます。しかし、もし本当に赦すことができるなら、本当に忘れることもできるようになります。

静かに耳を澄まさないと、聞こえてこない音があります。同様に心の耳を澄まさないと聞こえてこない呼びかけがあります。ああした方がいい、こうした方がいい、あれもある、これもあるという声や音を一旦退け、魂の深いところから聞こえてくる愛の神の呼びかけに耳を傾けたいのです。この声を聞くことによって人は真の自分自身となり、安定するのです。

よく見、よく聴いた後、それを心の深いところに落とし、黙想しながら思い巡らすことが必要です。そうすると、本当に見るべきもの、聴くべきものが何であるかが分かってきます。これは不純物を取り除く作業のようなものです。このためにどうしても心と魂の静寂が必要です。

人は人の助けになることによって自分の生存の価値や充実感を得ることができるかもしれません。しかし人に助けてもらうことによって、謙虚になることを、相手によっては愛されることを学ぶようにもなっていきます。それはまた相手に喜びを与えることにもなるのです。

今日という日。今このときが生きてきた人生で一番新しい日なのです。過去は動かせませんが、今この瞬間なら心も行動も選択ができるのです。愛する生活へ一歩踏み出すことも可能です。感情も選ぶことができるということを心に留めておきたいのです。

そよ風を肌に感じ、木の葉がかすかに揺れるのを見て、風が目に見えなくてもその存在が分かります。聖霊も言葉にしなくても、そよ風のように分かります。それは木の葉が動くように、愛や優しさ、また理解や忍耐という形を取って現れ出るからです。

人の心は何を通して神に向けられるのでしょうか。悲しみや苦しみは大きな契機になり得ることは確かです。では喜びのときはというと、残念ながら、事柄や対象に心を奪われ神から離れやすいのです。願わくは喜びのとき、また何の変化もないときにこそ心を神に向けたいものです。

喜びであれ悲しみであれ、それがこの世のものであるなら、それらが大きければ大きいほど、感情も思考もバランスが崩れやすく、物の見方も偏ります。対人関係にも疲れがでます。そういうときは人や仕事から一歩離れて心を静めなくてはなりません。自分を取り戻すためです。

何か嫌なことや不安になることがあったら、そう感じているのは自分の心ですから、まずは、そこから一歩退いて、心に静けさを祈り求めましょう。焦らないで。すると乾いた地に露が降りるように静けさと安らぎが訪れます。そこから認識の転換や良い判断が生まれでてきます。

赦すことが簡単ではないように、赦してもらうことはもっと難しいことかもしれません。それは謙虚になって、自分も間違っていたことを認めなくてはならないからです。しかし日々の生活の中には謙虚になれるときもあります。霊的に生きるとは、そういうときに敏感になるということでもあるのです。

悩んでいるときは、人のせいにしたりして生きようとするものです。この度合いが強くなればなるほど心は暗くなり、病んできます。そのような状態から抜け出すためには、小さくても光の生活へ一歩を踏み出すことです。微笑みをもって「お元気ですか。ありがとう……」などと語りかけてみることです。すると微笑み返され、問題の見方も変わります。

毎日の生活、具体的な日常の営みの中に神を見つけることが大切です。例えば労り合う会話の背後に神の優しい心を見ることができます。また果物を食べたときなど、栄養や美味しさだけでなく、その色や香りを通してもてなしの心をそこに見ることができます。これは隠されている宝を発見するようなものです。少し静かに思い巡らせばできることです。

自分で課題を考えて祈ることも大切ですが、それは良い課題であっても自己中心的になり易いものです。しかし祈りで最も留意したい点は、神が祈るように求めておられる祈りを知ることです。それは魂の内奥において神と親密に交わることによって聞こえてくるものです。その体験は本当の祈りに「気づく」と言ってもよいかもしれません。

私たちの行動の多くは感情を動力にしていますから、時々間違ってしまいます。突然心が熱くなったときはもとより、これは言うべきだ、行うべきだと確信が持てても数分間その場を離れ、沈黙の時を持つならば心に大きな変化が起こります。言わなくていい言葉やしなくていい行動が分かってくることがあり、代わって必要な言葉や行動が与えられることがあるのです。

もし私たちが自分の関心や興味と他の人のそれが異なっているということが少しでも分かると人間関係は穏やかになります。しかし人は往々にして他の人にも自分のように感じ、考え、行動してもらいたいと思うものです。これが不和の原因となります。僅かでいいから自分と人とは異なった存在であると理解したいのです。理解することは愛することなのです。

今すぐ祈らなければならないこともありますが、多くの場合、神と深く交わるためには、体と心を楽にさせ精神を集中させるための準備が必要です。その方法は人によって異なりますが、結果として心が穏やかな状態になることが必要です。仕事や生活のあれこれを一旦脇において神にだけ心を向けること。これは人と真の交わりを持つためには、自分の関心や興味に関する話は後にして静かに相手の心に耳を傾けるのと似ています。

人の心や行動を見て、こちら側から軽はずみな判断や解釈をしないようにしなくてはなりません。読み込みが起こりやすいからです。その人の魂の声に耳を傾けるようにしたいのです。それができるようになると、聖書を読むときなど、神が今ここで語ろうとしていることに耳を傾けるようにもなっていくのではないでしょうか。

悩むということは人間らしいことですが、それに捕らえられてしまって思い煩うようになると、暗闇に落ちて抜け出られなくなることがあります。そんなときは、その暗闇の淵から祈ること、親しい友に話してみること、また、最悪と思われる中にも良き出来事や思い出もあることを知ろうとすることです。こうした営みによって心の窓は開かれ光が入ってきます。

自分にこうやってほしい、こう言ってほしい、というような願望に心が振り回されなければ、人間関係の悩みは消失していきます。しかしこれはイエスの教えられた「洗足の心」をもたない限りできないことです。その心に僅かでも近づくことができるよう祈りと黙想を深めたいのです。

〈水曜日にうまくいかなくても、木曜日があるよ〉と言った人がいます。信仰に生きるとは、そういうことだと思います。今日は最悪と思われても、それがいつまでも続くわけではありません。数日すればちょっとしたことで膠着した感情も変化しますし、客観情勢も刻々変わるのがこの世です。明日を創られる神を信じて待ちましょう。平安な心で。

問題というものは解決したいと思えば思うほど、問題そのものに意識が捕らえられ視野狭搾になります。すると自分のことも人のこともよく分からなくなります。それは物体に近づき過ぎると対象がよく見えなくなるのと似ています。人の心の読み違いもそこから生じます。少し離れて見てみることです。祈りも肩の力を抜いて、いま目の前にあるものを感謝するようなところから始めてみましょう。解決を神にゆだねて。

石に躓いて傷ついたら、薬を塗って包帯をしますが、それでは不十分です。躓いた場所に戻って石を取り除かないと再び転ぶことになります。心の傷を受けた場合も、逃げ出したり恨んだりしても解決することはできません。どうしてそうなったのか現場に戻って調べてみることが必要です。神の愛を本当に信じているなら戻っても大丈夫です。

人に対する恐れや不安は、根本的には心の奥に自分は愛されない、価値がない、尊敬されない人間であるという否定的な自己像があって、傷つきを予想してしまうある種の「考え方のクセ」によるものです。このクセと向き合い、イエスの無条件の愛を存在の深みにおいて受け取るとき、恐れの闇から抜け出すことができるのです。

たとえ、今の自分にはできなくても、また考えられなくても、そうなれたらいいな、と思っていることはとても大切なことです。例えばもう少し優しくなれたら・穏やかになれたらきっと私と私の周りは変わっていくに違いないと思えたら、そういう心がその世界を創り出していくからです。人は心に描くことをするようになっていくものなのです。

人生は迷いながら揺れながら道をたどっていくのが現実です。感情の振幅も大きく驚きを感じるときがありますが、大抵は均衡を取り戻し平穏な状態に帰ります。しかし自分も周りも苦しむようなある一定の限度を超えそうなときには、あれこれ考えるのをやめて魂の港に錨を降ろすために、とにかく静まりましょう。そこで揺るがない神の愛に触れることです。

悩みが深くなればなるほど心の扉は開けにくくなります。そのままにしておくと人も現象も正しく見ることができなくなり、妄想的にすらなってきます。そんなとき、その悩んでいる心の奥深くに主がおられることを思い起こし、闇の中に光があることを信じたいのです。

感情は香りのようなものです。たとえ小さくても喜びや安らぎを抱いているなら、それは疲れた心を癒す香りとなって周りに広がっていきます。このことを少し意識しているなら私たちの感情生活は今よりもっと豊かになっていくのではないでしょうか。

あのことも嫌だった、このことも不快だ、などと呟やき続けていると、自己憐憫と人間不信の暗闇に吸い込まれていきます。しかし小さくとも喜びや感謝すべきことを、あのこともこのこともと思い起こし、しばらくそこに留まり続けるようにすると、闇から抜け出ることができます。そのとき温かで幸せな感情を楽しむことができるようになります。

人の心はきちんとした考えがあっても、感情というものに左右されて行動しています。かなりの部分は無意識にそうしています。このことをよく知っていて、立ち止まってその感情の出所や自分の姿を見つめることができると新しい行動や行き方が分かってきます。何を祈るべきかもはっきりしてきます。感情の波の中でしばし留まることは成長につながります。

「あなたがいてくれて嬉しい」と思える関係を大切にしましょう。そういう関係は育んでいかなくてはならないものです。どんなに良い関係でもそのままでは実を結びません。それは神との良き関係のためには絶えず祈りによる交わりが必要であるのと同じです。

日々の仕事や生活に前向きになれるときもあれば、そうなれない日々もあります。晴れた日の散歩は楽しく、草花も目に入りますが嵐の中ではひたすら歩くだけです。しかし「ひたすら歩く」ということも意味のあることです。心の足腰は強くなりますし、ふとした瞬間に新しい気づきや発見もあるのです。自分の心をよく見つめていれば。

外からの情報や刺激で行動することは普通にあることです。ときに燃え、興奮ぎみになることもあるでしょう。しかし黙想の祈りを大切にするようになると、その思いを魂の深いところ、静かで乱れていないところに降ろすようになります。そしてそこで神のみ旨は何であるか、本当になすべきことは何かということを知るようになります。確かな一歩はここから始まります。

問題や課題が生じると、早く片付けたいと思うのは人として自然なことです。けれどもそれだけで人生の歯車が回るわけではないのです。ときとして解決しないままの状態で時を待つことが必要な場合があります。雨宿りのようなときと言ってよいでしょうか。この雨宿りをいやいやではなく意味ある時として信じて過ごすことができるなら、きっと森の中で何かを発見するでしょう。

突然生じる不快な感情やいつも自分をつき動かす感情を制御できないと思っ

てはなりません。静まって出所を確かめ、ちょっとした思考の転換で別の見方ができるようになると、快い感情に変えることもできます。そのとき聖霊に助けを仰ぐなら、さらに素晴らしい結果になります。

程度にもよりますが、悲しみや苦しみを共にすることよりも喜びを共にすることの方が難しいものです。しかし主にある真の友情は喜びを共にすることを可能にします。この二つの世界を共感できるようになると自分だけでなく関係そのものが成熟していきます。

起こった出来事の見方というものは、その人の過去の体験も含めての感情生活に左右されます。問題はそれほど面倒でも複雑でもないのに同種の問題などで苦しんだ過去があると、出来事は実際よりも大きく見えてしまいます。ですからひと呼吸して出来事と感情を冷静に見つめるようにしたいのです。これによって現実をよりよく認識できるようになります。

ちょっとしたことで喜んだり悲しんだりしている自分をよく観察しますと、その感情は自分の内にある傷つきやすい子どものようなところで生じていることが分かります。ですからそこを大切にしなくてはなりません。そこでどんなことが起こっているか、その心の事情は身近な人でも理解しにくく分かってもらいにくいところだからです。

心の温度が冷えたら

悩みが深くなると、心の温度は冷えてきます。そうすると考え方は硬直し、周りが見えなくなります。ひどくなると心の扉も閉じられてしまいます。しかし、他者の偽りの無い愛や温かで優しい沈黙に触れると、閉じた心の扉は開かれ、日々の生活に春のような風景が見えてきます。

嬉しい出来事があったり、心が癒されるような経験をしたら忘れずに神に感謝しましょう。反対につらく苦しい中に置かれたら、その背後にも神がおられることを信じ、静かに待ちましょう。感情が冬の寒さのように冷えきっても、神とのつながりを保つなら次第に温かくなってきます。

しばしば私たちは自分というものを実際よりも低く評価してしまうことがあります。それが続くと、そこから抜け出ることが難しくなります。しかし自分のことを大切に思ってくれる人に出会いますと、自分の価値が分かるようになります。また覆われていた美点にも気づくようになります。

体調や生活の変化は感情に起伏をもたらします。小さなことも大きく見えたりします。そんなときは静かに待てばよいのに、何か行動しなくてはならないと思ったりするものです。この心の動揺を落ち着かせるためには、祈りの中で感情と思考を調和させるために暫く静まることです。

失望したり自信を無くしたりすることは多々あることですが、そんなときは大きな気づきが生じるときでもあるのです。失望するということは、自分の価値観や物の見方が、どこかで絶対化されているからです。それが少し変だと思えるだけでも心に変化が起こるのです。

良い人間関係を築きたいと思うのは自然の感情ですが、自分にとって満足感のある関係をあまり求め過ぎないようにしたいのです。それより僅かであっても、相手と心を響かせ合うことのできる世界を大切にし、そこからつながっていくことが肝要です。愛するということは相手に求め過ぎないと言うことでもあるのです。欲は破綻を招きやすいのです。

聴くことは良い人間関係の要諦ですが、頭の中に自分の考えや話題が溢れているときには、とても難しいものです。何か言いたくてしかたがないのを忍耐して黙っているとしたら、心の中ではお喋りしているのです。これでは黙っていても聴いていることにはなりません。聴くとは中心点を相手の中に置いて、分かろう、分かろうとする心の営みなのです。

私たちの悩みのほとんどが、過去の忌まわしい記憶や出来事の否定的解釈によるものです。悩む人はそれに縛られているわけですが、それによって悩みの原因は、自分ではなく周囲にあると考えたいのかもしれません。しかし本当に解決をしたいなら過去に別れを告げ、「床を取り上げて」一歩踏み出すことが必要なのです。

人も周囲も変化していないのに、頭だけが先に走り、想像の世界を広げてしまうことがあります。そのようになったら一呼吸して、生活の速度を緩め、人との関係もゆったりとしたものにしてみましょう。すると視点が変わって、本当に大切なものが何であるか見えてきます。

感情は選ぶことのできるものです。もし感情問題で失敗したら、最も古い同種の経験をしたときまで溯り、そのときに残したままの心の宿題をやり直して出直すことです。これは罪の悔い改めと同様、決断が伴うものですが、できることであり、より良い人生に向かうために必要なのです。

同じ喜びや同じ悲しみというものはありません。物事に関する感じ方は、みなどこかで少しは違うものです。このことが分かると、人に分かってもらえないからといって失望しなくなります。人間の異質性をどの程度、受容できるか、これは人間性の成熟に関わるような問題なのです。

心を共にする真の友愛を育むためには、相手に対する要求や注文を控えることが必要です。こうやってほしい、こう考えてほしいという願望が強くなると人は離れていきます。言葉を節約し、感情を選択し、相手の存在そのものを自分の喜びとすることができるようになるとき、友情の質は高くなります。そのためにはどうしても謙虚な心が必要となります。

人が理解できる他者の喜びや悲しみは限られています。外に現れている感情の奥には隠れた感情というものもあります。〈本当は寂しかった、悔しかった〉というような思いがあるのに、それが覆われている場合があります。しかし神はそれをも知って理解してくださるお方なのです。

人間関係の盲点は家族や友人など、身近な人に対して乱暴な言葉や態度が出やすいことです。しかし本当は身近な人にこそ心を使い、尊敬の念を持って接することが必要なのです。なぜなら人は遠くの人ではなく、近くの人との関係で傷つくからです。愛の配慮や実践は〈多くの人々〉というより〈隣人〉から始めなくてはならないのです。

苦しみにあうと、それを人のせいにしたり、自分のせいにしがちになります。いっときは避けられないにしても、そういう状態に長く留まらないようにしたいのです。そこから抜け出るためには問題を視点を変えて見たり、誰かと心を分け合うような交わりを持つことが必要です。闇が濃くならないために。

自分の心に冷たさを感じたら、温かく接してくれた人の言葉、表情、所作などを心に思い起こしてみましょう。それは家族であっても友人であってもよいのです。その想起によって心に温かみが出てきたとき、安心して人と関わる備えができたと考えてよいでしょう。

気持ちがあまりに高揚したり消沈したりしたときは物事の正しい判断ができませんから、行動の決定をひかえたほうが賢明です。〈私のたましいは、黙って神を待ち望む〉とあるように沈黙のうちに静まることです。そこから聞こえてくる声こそが私たちの真の行動の指針となるのです。

独りでいることができず、いつも活動したり人と絶えず関係を持っていないと落ち着かない状態になったら、そこにたとえ良い反応や結果が現れても時を移さず、神のもとで独り静まるようにしたいのです。本当に良い仕事をし、成熟した人間関係を築き上げたいならそれを試みましょう。

やるべき事があり、それができることは嬉しいことです。しかし良い成果が表れ人に喜ばれたりしたときなどは、ちょっと立ち止まりましょう。自分を行動の中に強迫的に追い込み、心を焦燥や強度のストレスにさらすということもあり得るからです。心というものの弱さを知っておきたいのです。それができると本当の優しさと強さが身につくのではないでしょうか。

単なる情報のやり取りではなく、心に耳を傾けるような関係が深まりますと、不思議なことに自分のそれまで知らなかったような感情や心のありように気づくようになります。その新たな気づきが成長への道を開いてくれます。その意味で人とどういう交わり方をするのかが重要になってきます。

外に向けて泣いたり、笑ったり、怒ったりしているその心の奥の部屋には、そうさせている本当の自分がいます。その自分が傷ついているのであれば手当をする必要があります。それを怠ると対人関係を面倒なものにしてしまいます。その傷の本当の癒しには愛という包帯が必要であることを心に留めておきたいのです。

私たちの日々には自分の心をふり返らせてくれる人や出来事がたくさんあります。例えば温かな心に触れたら嬉しいだけでなく、自分の心にそれが乏しいという事実に気づくことがあります。そのとき大切なことは、その気づきを時間をかけてよく思い巡らすことです。するとそれを通して自分も心の温かい人でありたいと自然に願うようになります。

こうであればよかったのに、こうでなければよかったのにとふと思うことがあっても、その考えを持ち続けたままでは今を生きることはできません。そこに停まるなら、自分を否定したり人を恨んだりする人生になってしまいます。しかし祈りつつ過去を丁寧にふり返るなら、それはそれで良かったと思えることも見つかることがあります。たとえ今すぐ見つからなくても、隠されている意味があることを信じましょう。

私たちは大人になっても本当は自分がどのような人間であるのか、何を望んでいるのか分からないまま、というより知ろうとしないで生きてきたかもしれません。しかし私たちの心に愛を持って誠実に耳を傾けてくれる人に出会うとき、それが見えてきます。自分についての新しい発見も起こります。

相手の考えや思いを分かろう分かろうとする心は必ず実を結びます。たとえ

分からなくてもそういう人が傍らにいるということは相手にとって大きな慰めになります。ですから分からなくてもがっかりしないことです。そもそも人の心は分かりようのない領域があって、そこに踏み込まないというのも大切なことです。踏み込まないことは愛でもあるのです。

ときには意識的に自然の美しさや思索の世界に心を沈めてみることが必要です。そうした時間や空間の中で思い巡らすと、それまで聞こえなかった内なる声や見えなかった心の風景に気づくことがあります。そして何よりも神の心に触れる入り口に立っている自分に気づくのです。

自分の心を見つめ、痛んでいるなら手を差し伸べ、心と魂への必要なケアをすることです。それをすることが人を配慮するだけでなく、良き人間関係を築き上げるための土台となります。傷が癒えないままですと思わぬところで転んでしまいます。その場合、傷は古い傷（子ども時代）の場合もあることを覚えておきましょう。

喜びも悲しみもその体験を通して少し人の気持ちが分かるようになります。その意味で体験は貴重なものです。しかしその感情が強くなり過ぎると、そこからしかものが見えなくなってしまうという厄介な問題が生じ、人間関係も偏ってきます。でもこれは一つのプロセスと考えたいのです。

誰もが自分が食べて美味しかったものは、人にもあげたいと思うものです。しかし、こと人間関係においては少し心を使って相手のニーズを知ることが必要です。自分の感じ方、考え方、行動の仕方が良いと思えても相手がそれを望んでいるとは限りません。それを何で識別するのでしょうか。それは自分の欲求で話すのを控え、ひたすら相手の心を聴くことです。

感じ方や考え方で人とつながることがあっても、それを頼りに心の安定を求めないようにしたいのです。人の心は同じように造られていませんから、その部分で恒常的につながることにはむりがあります。そこではなく、神から愛されている事実を思い起こし、それが分かる心の深いところで交わるように努めてみましょう。それが可能になるにつれ、真の意味でのつながりが内から生じてきます。

自分の心に安心感や自尊感情があれば、人の言葉や行動に神経を使わなくてすみます。懐疑的にも操作的にも逃避的にもならずに爽やかな関係を生きることができます。しかしその安定した感情は人に頼って得るものではなく自分の魂の内に見いだすものです。そのことが分かり求め始めると、不思議なことに、その営みを助けてくれる人が現れることがあります。

自分の持っている興味や関心を人が同じように持っているのではないことを知ること、このことが少し分かるだけでも人間関係は変わってきます。同じ物を見ても、同じ話を聞いても感じ方や理解の仕方は違います。この他者性、異質性を理解して人に関わることができるようになるに従って良い友情関係も芽生えてきます。

自分が誠実にしたことなら、喜ばれなくても感謝されなくてもよいと思って生きることが大切です。常に良い評価を得たいという思いに心が支配されていると人間関係は複雑になり、心は透明感を失います。しかし真の信仰を持つなら愛と信頼に生きることを願うようになりますから、評価を巡る複雑な防衛から解かれ、人は競争や嫉妬の対象でなくなります。

祈りに集中しようとしても、あのこと、このことと色々な雑念が入るのは普通のことです。ことに解決していない問題などがあると心は千々に乱れます。そんなとき、一旦すべての事柄を引き出しに入れ、少し忍耐して静まるようにしましょう。すると心は神にだけ向かうようになり、次第に物の見方にも変化が現れ、何よりも対人関係が温かくなります。

問題や課題に直面すると、早く解決してすっきりした気持ちになりたいと思うのは自然のことです。しかしその解決の深層が自分の心の秩序や安定のためであるため、側にいる人や全体のことが忘れられている場合もあります。分けても気づきにくいのは、解決のため捨ててしまったものの中に必要なものがある場合です。解決を急ぐあまり、悩みや苦しみの中にあるかもしれない宝のようなものを失わないようにしたいのです。

不快な感情に悩まされるようになったら、今そうなったのはキッカケ（人や出来事）であって、本当の原因は別のところにあるのではないかと考えてみることです。過去に溯ってみると似たような経験が思い出され、そのときしなくてはならなかった心の「宿題」をそのままにしておいたことに気づくことがあります。原因を突き止め宿題をしてみましょう。

仕事や人間関係の中ばかりに時を費やしていると、心が濁ってしまうことがあります。濁った川には何も見えないように心が濁ると自分も人もよく見えなくなり、コミュニケーションも乱れてしまいます。しかしいっときでも数分でも沈黙の習慣をつけると心は澄み、川底が見えるように自分の姿が見えてきます。すると何を語るべきかが分かります。

人は顔が同じでないように、心のありようも同じではないことをしっかり認識しておくことが大切です。自分と同じように感じ、考えてほしいなどというのは随分わがままな話ですが、この単純な事実に気づきにくいのが人間の弱さです。この弱さを乗り越えて行くには、まず人から分かりにくい私の面倒な心を受け入れてくださった神を見上げることです。

今日という真っ白な一日を、過ぎ去った悪い思い出や嫌な記憶によって汚さないようにしたいのです。もし過去をふり返るなら、小さくても温かな世界を記憶の部屋から引き出してみましょう。それは例えば学校や職場から帰ってきたとき、玄関に明かりがついていて、いつものように夕飯の支度をしていた台所の母の姿を思い出すだけでもよいのです。

人は自分の関心や興味のないことに時間とエネルギーを費やしたいとは思わないものです。しかしときにはそれを無駄と思わず、ふだん関心のない所にも身を置いてみるのもいいものです。それは道端の草を座り込んで見るようなことですが、きっと新しい発見があると思います。

人間関係には選んだのでない関係もあり、選んだ関係もありますが、どちらが良いということはできません。選んだのでない親子関係に麗しい関係も憎み合う関係もあります。これは配偶者や友のような選んだ関係においても同じです。大切なことは相手が誰であれ、どんな感情を選び、どんな態度を選んで接するかということです。この自由が与えられているのです。

平安であるためには自分の心に手を差し伸べることが必要です。それはちょうど、寒い日に家で待っている子どものために早く帰って暖炉に火をつけてあげるようなことです。これは自己実現が生きがいになってしまっているときには難しいことかもしれません。しかし人生は変化に富んでいます。あるときその〈子ども〉とは自分自身であることに気づくことがあるのです。

真に心豊かに過ごすためには、神への思いと人への思いを一緒に考えることが必要です。例えば神から平安を与えられたら、そこに停まるのでなく他の人と平和に過ごせるよう努力して交わる。主の慈しみを感じたら、人を慈しむ心で接することです。この二つが分離せず、一つになるとき、人はそこに神を見るのではないでしょうか。

心の日記の明日のページに心配事や悪い出来事を予想して書き込まないようにしたいのです。明日は神が造られるのですから、そこに侵入することは人間の分を超えることになります。そのエネルギーを忘れてしまっている感謝すべきことを見つけだすために使い、発見したらそれを今日のページに書き込んでおきましょう。それは心の貯金になります。

同じ風景を見ても見る時刻や見る角度によって異なります。人の言葉や情報も心の調子や抱えている問題、また認知の仕方によっては異なった、ときには通じにくいメッセージとして伝わってきます。しかし愛の心を持って見るならば、多様な色合い、またそれぞれをひとつの個性として見ることができるから不思議です。その意味で信仰は人間の見方を変えてくれるものです。

人の心は同じように造られていませんから、自分が望んでいるようなつながり方はできないものです。ですから少しでも共感できるところ、共有できる世界を見いだせたらその部分から入り、つながっていくことです。欲を出して相手の心の扉をこじ開けようとしたりしないことです。それはイエスもなさらなかったことですから。

人は多くの場合、苦しみの中で生きる意味や目的を問うようになります。また多くのことを学びます。しかしできれば、ごく当たり前の日常の営みの中で、人生の意味を問い、苦しみだけでなく喜びを通しても魂が目に見えない世界に向かい、事物に対する深い洞察を得たいものです。

「音量」を少し控えめに

感情というものは善くも悪くも嵐のような要素があります。これをそのまま出せば周囲が大変になります。それを黙って受け止めてくれるような人や環境があるなら限りなく感謝したいと思います。普通はなかなか得られないからです。同時に心に留めたいことは、イエスは人なら受け止められない限度を越えた怒りや憎しみの感情をも受け止めてくださるということです。

人のためになりたい、人に喜んでほしいと思うことは、行動を前向きにさせるという点でも素晴らしいことです。しかしもっと大切なことは、その人がどう生きているかということです。他の人がその存在を見て心が穏やかになったり、慰められたり励まされたりするなら、それは最も素晴らしい贈り物となります。

人はどうして根拠のないような悩みで苦しむのでしょうか。想像の世界での悩みや問題を先取りしたような悩みです。このまるで神を信じていないかのような悩み方の根源を突き止め、そこから抜け出たいのです。イエスはそこから抜け出るように「心配するのはやめなさい」と言っておられるのです。

自分の好きな色を楽しみましょう。そこから楽しいイメージが浮かび上がってくるまでそうしてみましょう。すると他の様々な色の美しさも次第に見えてきます。それらが豊かなグラデーションとして見えてくるのです。これは人の心についても言えることです。自分が生かされていることを喜び、自分を愛するなら、そこから他の人を大切にし、愛し、赦し、仕える道へと広がっていくのです。

何事も夢中になると、実態がよく見えにくくなります。時々休んだり離れたりすると全体がよく分かり、自分が何を考え何をしているのかが、よく見えるようになります。これは事柄だけでなく人間関係においても同じです。こういう識別は祈りと黙想の生活の中でいっそう深まってきます。

何か失敗したり、がっかりしたとき、ふと心に浮かんでくる「どうせ私は」、「やっぱり私はダメなんだ」というような思いに気をつけましょう。根拠もないのに自分をそう決めつけることを止め、物の見方を変えてみることです。「これしかない」ではなく「これがある」というようにです。信仰はそのように物の見方や捉え方を転換させてくれます。

誰でも問題に直面すると、対応や解決のために、そこにエネルギーを注ぎます。気をつけたいことは問題が解決して好転したときです。解決のためむりをしていた部分に新たな問題が発生することがあります。そのことを予め考えながらむりをしているところを普段から保護するようにしたいのです。

人と接する時間の長さもさることながら、その質についてふり返ってみることが必要です。その中で肯定的なふり返りを意識的にやってみましょう。それは精神の健康性を生み出します。放っておけば、人間世界の否定的な話題や交わりにも巻き込まれやすくなります。ですから絶えず神の助けを求めつつ、良きふり返りをしたいものです。

玄関に明かりがついていても、居間についているとは限りません。ですから中は見えません。人の心にも外から分からない、見えない所があることを知っておきたいのです。そこがどんな所であるかは、接する人が人間存在の重みを理解し、心に丁寧に触れていくとき、次第に分かってきます。これができるようになるにつれ、相手は安心して私たちを心の居間に招いてくれるでしょう。

約束や予定というものは人の心を温め支えます。会う約束、食する約束、学び合う約束などがある人は幸せです。心を明日につなげることができるからです。ただその日が本当に良き日となるためには、自分の価値観や好みの「音量」を少し控えめに下げるセンスが必要です。

お互いの違いを知るということは、知らない世界を学ぶ機会ですから、前向きに交わることによって自分の成長にもなります。しかし感情が邪魔をして、そんなふうに考え、行動するのが難しいときには、小さくても共有できる、つながることが可能な部分から入ってみましょう。それはどこかに必ずあるものです。

神が私たちを「神の作品」として造ってくださったということを忘れないよう繰り返し思い巡らしたいのです。そうすると貧しい心の中にも神の愛と優しさ、また喜びと平安といったものの存在を感じることがあります。そこには造り主の心があるからです。それを感じたら暫くそこに留まる習慣を持つようにしてみましょう。

人間関係で興奮したり感情的になっているときは、自分のことがよく分からなくなっています。自分を理解するためにも相手を理解するためにも、静かな時間と空間が必要です。動き回ると問題はさらに大きくなります。ですから一旦離れるのです。それは船を港に停泊させるようなものです。数日もすれば感情の波は穏やかになり、行く道に晴れ間も見えてきます。

人は興味や関心のある事柄には心が惹かれるものです。これは本能的なものですから努力はいりません。しかし日常の行動がそうしたものだけに動かされていると心は成熟しにくいのです。興味のないものであっても、じっと見たり聞いたりしていると、新しい発見や思いがけない気づきというものが与えられます。これは不思議なことですが事実なのです。

人を批判したくなったり、裁きたくなったりした場合、過ぎし年月をふり返って、赦してもらったこと、我慢してもらったことなどを思い出して見ることです。それを子ども時代にまで溯ってやってみるのです。父母や友人や知人などの顔を思い出しながら丁寧にふり返ります。すると赦すということがどんなに大切なことかが次第に分かってきます。

私は人からどう思われているのだろうか、あの人はどうしてあんなことを言ったのだろうかと考えることは、意味のないことではありません。しかし常にそこに停まっていると、心は健康性を失います。閉じた心を開いて、あの人の幸せのために何かできるのだろうかと〈心のもてなし〉について考え、祈り始めると心は健康性を取り戻すようになります。

愛は相手の心の歩調に合わせようと努力します。それは歩行が困難な人と歩く場合、ゆっくり相手に合わせて歩くのに似ています。これが心のレベルでできたらと思うのです。自分の喜びや悲しみに人を巻き込まず、丁寧に寄り添って歩むよう努力すること。それが愛というものです。

神の作品として造られた人間の心は奥深いものです。みな顔が同じでないように性格特性も周囲への適応の仕方も異なっています。この事実が分かるにしたがって、他人のことを決めつけて批評することはできなくなります。それどころか人間理解が深まるにつれ、人に対して優しささえ抱くようになっていくというのも確かな心の事実です。

人は考え方の違いというよりも、感情の交流がうまくできないことで悩みます。感情は生まれ持った直感や幼少期に身につけたものですから抑制が難しいものです。しかし信仰の力は感情に支配権を奪い取られないで、むしろ共感力を持って交流することを可能にします。

もらった手紙の好きな箇所だけを読むことはありませんが、人の話になると同じようにはいきません。都合の良いところ・悪いところを切り取って深読みしたり、また聞こえていても聴いていないということもあります。これは自分の感じ方や考え方を脇に置き、話したくても聴くことに徹することによって乗り越えられるもので、人間関係の極意に近いものです。

見えるもの、聞こえるものの向こうに物語があります。励まされたあの日の事、涙を拭われた思い出、生きる勇気を与えられた様々な物語などが、ある風景を見て、ある音色を聞いて蘇ってくることがあります。それらの物語を大切にしましょう。なぜならそれは現在の自分という存在を支えている重要な要素だからです。祈りはその物語に気づかせてくれます。

木の葉が揺れるのを見れば、風が目に見えなくとも、その存在が分かります。神の霊を体や感情で分かるような経験がなくても、愛や喜びや平安、また優しさや慰めが心の内にわき出るとき、そこに聖霊なる神がおられることが分かります。聖霊はその果実によって知られるのです。

頭で分かることと心で分かることの間にどうしてこんなに隔たりがあるのでしょうか。何度聞いても学んでも自分を変えられない現実に直面するとそう感じます。これは分かり方の種類そのものの違いと言ってよいでしょう。知というものの限界です。しかしイエスの涙を見、その傷の痛みに心が触れるとき、その隔たりが崩れ、心で分かるという出来事が起こるのです。

自分にがっかりしたり、愛想が尽きたりしたようなとき、その自分を受け入れることが大切です。受け入れないということは、試験の結果が思わしくなく落ち込んでいる子どもを叱っている親のようなものです。人が成長していくには、まずあるがままの自分を認めることです。これができるようになると、自分と人を比較することから自由になっていきます。

自分が何を考え、何を思うかは人間の自由ではあるのですが、それは他者の心の世界に関わることでもあるのです。否定的な感情や思考に支配されていれば、言葉にしなくても、それはいつの間にか他者に対する暗く陰鬱な贈り物になってしまうでしょう。ですから絶えず祈りつつ、乱れやすい心を整えておきたいのです。それが愛というものではないでしょうか。

苦しいときには、概して物事を自分中心にしか考えられなくなり、他者に対する要求も強くなりがちです。これはなかなか気がつきにくいことですが、親身になって心に耳を傾けてくれる人がいますと、自分の心が見えてきます。神はそのために様々な人を用いてくださいます。

同じ風景、同じ事象を見ても、見る人によって異なって見える場合がありま す。人が睦まじくしているのを見て嬉しくなる人もいますが、暗く懐疑的になる人もいます。これらは多くの場合、過去の出来事や物語の記憶や解釈に起因していますが、直せないものではありません。信仰は物の見方を変える力がありますから、この問題に大きな希望を与えてくれます。

願望を抱くことはとても人間らしいことです。しかしそれが強ければ強いほど心身は疲労します。それに対して希望は神のみ旨の成ることを待ち望むわけですから疲れることがありません。事が自分の願ったように実現しなくても、神が最も良いと思われる道を備えてくださると信じているからです。ここに願望と希望の大きな違いがあるのです。

分かち合うということは素晴らしいことですが、喋り合うこととは違います。喋り合うことはかなりの部分で自己中心的ですから、不快な結果をもたらすことがあります。分かち合いは相手から学ぼうとしますから、聞くことが中心になってきます。そしてその霊的収穫は大きいのです。

神に愛されているとか神が共におられるということは、常に変わらない事実ですが、私たちは、これを何とか感覚や感情で知りたいと思うものです。しかし神の愛と現存の確かさを常に揺れ動く不安定な感情の中にではなく神への信仰の中に見いだしたいのです。そうすることによって感情も健康で安定したものになっていきます。

大きな楽しみを計画することもいいことですが、小さな楽しみや喜びを考え、それを生活の隙間に入れたりすることは単調になりやすい日々を潤します。人生をいつも感激しないと生きていけない所にしないようにしましょう。ささやかな喜びや友情の交換の集積というものが人生を楽しくも味わい深くするのです。

あとがき

もうかなり前から、私は教会の週報の最後の二〜三行に「今週のことば」という欄を設け、古今の著名な書物の中から洞察に富んだ言葉を選んで載せてきました。それは教会に集われる方々が、それらの言葉を人生と信仰の旅路の伴侶にしてほしいと願ってのことでした。

ところが、今から十年ほど前のこと。私はあることを契機に「今まで人の言葉を引用してきた。それはそれで良かった。しかしもうそろそろ、自分の言葉を語ろう。ふだん考えていることが色々あるではないか」と思ったのです。そして毎週、祈りと黙想と思索の中で心に浮かんできた思いを「今週の黙想」として書き記すことにしたのです。それは自分の心に向き合い、そのままを表現したものであり、自己分析に近いものと言ってよいかもしれません。

ところが、この心と魂の中での小さな気づきと洞察に多くの方々が関心を寄せてくださり、週報に記されたこの黙想の言葉を楽しみにしてくださる方々も起こされてきました。ある方は勤務先の外国で教会のホームページを通して毎週見てくださっています。

そんな思いがけない数々の反応に刺激されて、いつかは単行本化できればとの思いを持つようになりました。そのことを他の出版の打ち合わせもあって、いのちのことば社の根田祥一氏にお話したところ、「それはいいですね。ぜひ」とのご賛同とお励ましをいただき、このたび出版の運びとなりました。

これは私にとっては時が満ちたという感慨もあり、今これを神のみこころと信じて感謝しております。拙著ですが、読者の皆様と黙想による信仰の世界を共にすることができれば望外の喜びです。心から感謝して。

二〇一九年　九月

堀　肇

堀　　肇（ほり・はじめ）

岐阜県出身。クリスチャンだった母の影響で小学四年生から教会に通い、大学時代に入信。神学校卒業後牧師となり、現在、鶴瀬恵みキリスト教会牧師。傍ら聖学院大学総合研究所特別研究員、臨床パストラルカウンセラー・スーパーヴァイザー（PCCAJ 認定)、太平洋放送協会（PBA）会長、キングスガーデン埼玉評議員を勤める。また東京いのちの電話評議員、NHK学園聖書講座講師、ルーテル学院大学講師、聖学院大学大学院講師なども歴任。2023 年 5 月召天。

著書に『聖書のにんげん模様』『心の部屋を空けて』『たましいの慰め　こころの余裕』『教会生活の「疲れ」とその回復』『こころの散歩道』『弱さを抱えて歩む』『福音主義神学における牧会』（共著）『すぐに役立つクリスチャン生活百科』（共著)(以上、いのちのことば社）『こころにやさしく』(ＣＬＣ出版)。『ヘンリ・ナウエンに学ぶ』（共著）（聖学院大学出版会）などがある。
訳書に『さよならボート』メアリー・ジョスリン文、クレア・リトル絵（フォレストブックス)。

寄り添いの小みち
日ごとの黙想録

2019年 11月1日　発行
2024年12月15日　再刷

著　者　堀　肇
印刷製本　日本ハイコム株式会社
発　行　いのちのことば社

〒164-0001 東京都中野区中野2-1-5
電話 03-5341-6922（編集）
03-5341-6920（営業）
FAX03-5341-6921
e-mail:support@wlpm.or.jp
http://www.wlpm.or.jp/

ISBN 978-4-264-04558-8